Tobias Szuwart

Atypische Beschäftigungsverhältnisse

Teilzeitarbeit, Mini-Jobs, Ich-AG, Leiharbeit, Kombilohn und andere Formen
in Deutschland

IGEL Verlag

Tobias Szuwart

Atypische Beschäftigungsverhältnisse
Teilzeitarbeit, Mini-Jobs, Ich-AG, Leiharbeit, Kombilohn und andere Formen
in Deutschland

1. Auflage 2008 | ISBN: 978-3-86815- 031-5

Die Deutsche Bibliothek verzeichnet diesen Titel in der Deutschen Nationalbi-
bliografie. Bibliografische Daten sind unter http://dnb.ddb.de verfügbar.

IGEL Verlag

„... und ich hör Euch alle sagen: ‚durch's soziale Netz gefallen'

ich frage welches Netz?

Das ist das alte, brutale Spiel der Sieger und Verlierer

nichts zu regulieren es wiederholt sich immer wieder ...“

Michael Mayer/Marcus Wiebusch

1993

Inhaltsverzeichnis

Abkürzungsverzeichnis   I

1. Einleitung   1

2. Das Normalarbeitsverhältnis   4

2.1 Definition: Normalarbeitsverhältnis   4

2.2 Bedeutung des Normalarbeitsverhältnisses   5

2.3 Historischer Abriss   5

2.4 Funktionen des Normalarbeitsverhältnisses   7

3. Die Normalbiografie und das Alleinernährer-Modell   8

4. Vom Normalarbeitsverhältnisses zur atypischen Beschäftigung   10

5. Empirische Betrachtungen   13

6. Die potentielle Prekarität der „atypischen" Beschäftigungsverhältnisse   15

7. Selbständigkeit   18

7.1 Dimensionen und Strukturmerkmale der Selbständigkeit   18

7.2 Rechtliche Rahmenbedingungen der Selbständigkeit   18

7.2.1 Freie Mitarbeiter und Honorarkräfte   19

7.2.2 Scheinselbständigkeit   19

7.3 Sozialversicherung   19

7.4 Bewertung   20

8. Subventionierte Selbständigkeit   23

8.1 Entwicklung der geförderten Existenzgründungen   23

8.2 Das Überbrückungsgeld   24

8.3 Die Ich-AG und die Familien-AG   24

8.3.1 Evaluationsergebnisse der Fördermodelle – Überbrückungsgeld und
Ich-AG   26

8.3.2 Auswirkungen der Fördermodelle – Überbrückungsgeld und Ich-AG   27

8.4 Der Gründungszuschuss   28

8.5 Bewertung   29

9. Arbeitnehmerüberlassung   33

9.1 Verbreitung und Strukturmerkmale der gewerbsmäßigen
Arbeitnehmerüberlassung   33

9.2 Prinzipen und Varianten der Arbeitnehmerüberlassung   34

9.3 Rechtliche Rahmenbedingung der gewerbsmäßigen
Arbeitnehmerüberlassung   35

9.4 Sozialversicherung   36

9.5 Fluktuation und Auswirkungen auf die Beschäftigungsmobilität   36

9.6 Bewertung   38

10. Vermittlungsorientierte Arbeitnehmerüberlassung   **42**

10.1 Verbreitung und Strukturmerkmale der vermittlungsorientierten Arbeitnehmerüberlassung   42

10.2 Prinzip der vermittlungsorientierten Arbeitnehmerüberlassung   42

10.3 Rechtliche Rahmenbedingung der vermittlungsorientierten Arbeitnehmerüberlassung   43

10.4 Bewertung   44

11. Teilzeitbeschäftigung   **46**

11.1 Verbreitung und Strukturmerkmale der Teilzeitbeschäftigung   46

11.2 Das TzBfG – Grundsätze der Teilzeit- und befristeten Beschäftigung   48

11.3 Varianten der Teilzeitbeschäftigung und ihre rechtliche Regelung   48

11.4 Sozialversicherung   50

11.5 Bewertung   52

12. Befristete Beschäftigung   **58**

12.1 Verbreitung und Strukturmerkmale der befristeten Beschäftigung   58

12.2 Rechtliche Rahmenbedingungen der befristeten Beschäftigung und ihrer Varianten   59

12.3 Funktionen der Befristung   61

12.4 Besetzungsmuster befristeter Stellen   62

12.5 Effekte auf die berufliche Mobilität   63

12.6 Sozialversicherung   64

12.7 Bewertung   65

13. Geringfügige Beschäftigung und Beschäftigung im Niedriglohnsektor   **69**

13.1 Dimensionen und Strukturmerkmale der geringfügigen Beschäftigung   69

13.2 Geringfügige Beschäftigung und Beschäftigung in der Gleitzone   70

13.2.1 Varianten geringfügiger Beschäftigung   71

13.2.1.1 Geringfügig entlohnte Beschäftigung   71

13.2.1.2 Geringfügige Beschäftigung in Privathaushalten   72

13.2.1.3 Kurzfristige Beschäftigung   72

13.2.1.4 Mögliche Beschäftigungskonstellationen   72

13.2.2 Beschäftigung in der Gleitzone – der Midijob   73

13.3 Sozialversicherung   73

13.4 Bewertung   74

14. Niedriglohnbereich   **79**

15. Lohnsubventionen und Kombilohnmodelle   **85**

15.1 Bereits bestehende Regelungen mit Kombilohn-Charakter   87

15.1.1 Transferleistungen aus dem ALG II und ALG I in Verbindung mit den Hinzuverdienstregelungen   87

15.1.2 Kinderzuschlag   88

15.1.3 Mini- und Midijobs   89

15.1.4 Zwischenfazit   89

15.2 Kombilohn-Modellprojekte   92

15.2.1 Das Hamburger-Modell   92

15.2.2 Das Mainzer-Modell   94

15.2.3 Zwischenfazit   95

15.3 Bewertung   96

16. Mindestlöhne   **100**

16.1 Grundgedanke des allgemeinen gesetzlichen Mindestlohnes und bestehende Umsetzungsmodelle   101

16.2 Diskussion   103

16.3 Ausblick   105

17. Resümee   **108**

Literaturverzeichnis   **113**

Anhang   **119**

Abbildung 1:   119

Abbildung 2:   120

Abbildung 3:   120

Abbildung 4:   121

Abbildung 5:   122

Abkürzungsverzeichnis

Abs.	Absatz
ALG	Arbeitslosengeld
AEntG	Arbeitnehmer-Entsendegesetz
AÜG	Arbeitnehmerüberlassungsgesetz
AV	Arbeitslosenversicherung
BA	Bundesagentur für Arbeit
BAG	Bundesarbeitsgericht
BAVAZ	Bedarfsabhängige variable Arbeitszeit
BetrVG	Betriebsverfassungsgesetz
BGB	Bürgerliches Gesetzbuch
BGBl.	Bundesgesetzblatt
BKGG	Bundeskindergeldgesetz
BMWA	Bundesministerium für Wirtschaft und Arbeit
BVerfG	Bundesverfassungsgericht
DIW	Deutsches Institut für Wirtschaftsforschung
evtl.	eventuell
FES	Friedrich-Ebert-Stiftung
GKV	Gesetzliche Krankenversicherung
GRV	Gesetzliche Rentenversicherung
HAG	Heimarbeitsgesetz
HGB	Handelsgesetzbuch
IAB	Institut für Arbeitsmarkt- und Berufsforschung
IAT	Institut für Arbeit und Technik
KAPOVAZ	kapazitätsorientierte variable Arbeitszeit
MittAB	Mitteilungen aus der Arbeitsmarkt- und Berufsforschung des IAB

Nr.	Nummer
OECD	Organisation for Economic Co-operation and Development
OT	Ohne Tarifbindung
o. J.	ohne Jahr
o. V.	ohne Verfasser
PSA	Personal-Service-Agenturen
PKV	Private Krankenversicherung
PV	Pflegeversicherung
rd.	rund
S.	Seite
SGB	Sozialgesetzbuch
SOEP	Sozio-Ökonomisches Panel
sog.	so genannte(n)
TVG	Tarifvertragsgesetz
TzBfG	Teilzeit- und Befristungsgesetz
u.a.	unter anderem
u.U.	unter Umständen
WSI	Wirtschafts- und Sozialwissenschaftliches Institut

1. Einleitung

Die atypischen Beschäftigungsverhältnisse werden schon seit Mitte der 1980er Jahre sehr kontrovers diskutiert. Auf dem deutschen Arbeitsmarkt und in der wissenschaftlichen Auseinandersetzung haben sie inzwischen eine hohe Bedeutung gewonnen. Bislang sind allerdings kaum wissenschaftliche Ausarbeitungen zu diesem Thema veröffentlicht worden, welche einen Überblick über den aktuellen Stand der heterogenen und kaum zu überblickenden Erscheinungsformen bieten.[1]

Der Schwerpunkt der vorliegenden Untersuchung liegt in einer systematischen Gesamtschau der wichtigsten Varianten atypischer Beschäftigung. Behandelt wurden befristete und geringfügige Beschäftigungsverhältnisse (Mini- und Midijobs), Selbständigkeit, die Instrumente Ich-AG und Gründungszuschuss aus der neuen Selbständigkeit, Leiharbeit (einschließlich der Personalserviceagenturen – PSA) sowie Varianten der Teilzeitbeschäftigung. Ebenso finden auch einige Kombilohn-Modelle und aktuell bestehende Regelungen mit einem Kombilohncharakter Beachtung.

Die Systematik folgt den gesetzlichen Normen. Zusammen mit den Regelungen zu den Sozialversicherungen repräsentieren sie die signifikantesten Betrachtungsmomente, unter denen die Analyse der einzelnen Beschäftigungsmodelle verläuft. Die Konsequenzen für die Beschäftigten stehen im Fokus der Analyse, wobei jedoch nicht auf die Segmentationstheorien oder ähnliche Ansätze eingegangen werden kann. Vielmehr stehen die einzelnen Problemlagen und Risiken im Vordergrund, welche sich an die einzelnen Varianten der atypischen Beschäftigung knüpfen.

Um die Situation der Betroffenen möglichst differenziert zu porträtieren, sind Analysen aus den unterschiedlichsten Perspektiven vorgenommen worden. Die dargestellten Aspekte richten sich notwendigerweise an den Charakteristika der einzelnen Beschäfti-

---

[1] Keller/ Seifert (2006) S. 234

1

gungsvarianten aus. Soweit wie möglich bleiben jedoch folgende grundsätzliche Blickwinkel erhalten:

Die quantitative Verbreitung und Entwicklung der Varianten sowie die Verteilungen auf Geschlecht, Alter und Qualifikation der Beschäftigten bilden wichtige Aspekte. Auch Angaben zu typischen Branchen verdeutlichen Merkmale und weisen auf potentielle Risikogruppen hin. Die verwendeten Daten sind überwiegend dem Mikrozensus entnommen und sind auf die deutsche Erwerbsquote zwischen den Jahren 1985 und 2005 bezogen. Sie orientieren sich an der deutschen Wohnbevölkerung im erwerbsfähigen Alter (15 bis 65 Jahre) – Inländerkonzept.[2] Es werden also auch Arbeitslose und Teilnehmer in arbeitsmarktpolitischen Maßnahmen berücksichtigt. Berechnungen des Instituts für Arbeitsmarkt und Berufsforschung (IAB), des Instituts für Arbeit und Technik (IAT), des Sozio-Ökonomischen Panels (SOEP) und der Bundesanstalt für Arbeit wurden ebenfalls verwendet.

Eine weitere Perspektive ergibt sich aus der Analyse der aktuellen Gesetzeslage. Sie wird einer Evaluation unterzogen, welche neben den Zielen des Gesetzgebers insbesondere auf die Konsequenzen der betroffenen Beschäftigten abzielt. Im Spannungsfeld zum Normalarbeitsverhältnis spiegeln sich hier Veränderungen wider, welche die institutionellen, rechtlichen und sozialpolitischen Orientierungen betreffen. In diesem Zusammenhang werden auch die geltenden Bedingungen der Sozialversicherungen untersucht, da auch sie maßgeblich die Verhältnisse und Umstände, in denen die behandelten Beschäftigungsformen zustande kommen, mitbestimmen.

Je nach Datenlage werden auch berufsstrategische Perspektiven aufgezeigt, welche mit den atypischen Beschäftigungsmodellen verbunden sind. Die Wirkung auf die Erwerbsmobilität und das Potential für die Arbeitsmarktintegration, insbesondere von Frauen und Arbeitslosen, stehen dabei im Fokus der Betrachtungen. Denn insbesondere die integrationsfördernde Kraft dieser Erwerbsformen wird

---

[2] Oschmiansky (2007) S. 4

häufig als Legitimation zu deren Ausweitung verwendet, die es hier zu überprüfen gilt. Abschließend findet eine Einschätzung zum Ausmaß der Prekarität statt, welche mit den Erwerbsformen und ihren Begleitumständen einhergehen kann.

Ausgangspunk ist das Normalarbeitsverhältnis, das sowohl in der wissenschaftlichen Auseinandersetzung als auch im alltäglichen Arbeitsleben nach wie vor etabliert ist. Zwangsläufig ist damit eine Diskussion um seine Bedeutung, seiner Funktion sowie eine Kritik seiner Auswirkungen auf die Beschäftigungsverhältnisse erforderlich. Die These um die Erosion des Normalarbeitsverhältnisses wird ebenso thematisiert.

Das Thema dieser Untersuchung ist die Analyse, der von diesem Konstrukt abweichenden und damit als atypisch zu bezeichnenden Beschäftigungsverhältnisse. Sie scheinen einer weit verbreiteten Auffassung nach zu expandieren, was nicht unerhebliche Konsequenzen nach sich zieht.

Abschließend wendet sich die Untersuchung der aktuell geführten Debatte um die Kombilöhne und dem allgemeinen gesetzlichen Mindestlohn zu. Die derzeitige Problemlage in Deutschlands wachsendem Niedriglohnsektor bildet den Ausgangspunkt dieses Abschnittes.

2. Das Normalarbeitsverhältnis

Das Normalarbeitsverhältnis gilt nach wie vor als einer der wichtigsten (zentralen) Bezugspunkte in den gegenwärtigen arbeitsmarktpolitischen Debatten und sozialwissenschaftlichen Forschungen über Beschäftigungsstrukturen, Arbeitsmarktentwicklungen und ähnliche Themen. Im folgenden Kapitel wird eine genauere Betrachtung dieses Beschäftigungsmodells vorgenommen und seine Entstehung, Funktion und Auswirkung auf die Beschäftigten dargestellt. Das Normalarbeitsverhältnis wird auch in der hier vorliegenden Untersuchung als ein wesentlicher Bezugspunkt genutzt.

Aufgegriffen und entdeckt wurde das Normalarbeitsverhältnis erst Mitte der 50er Jahre des zwanzigsten Jahrhunderts. Zu dieser Zeit wurde es jedoch schon nicht mehr als selbstverständlich angesehen. Mückenberger attestierte bereits 1985 in dem Artikel „Krise des Normalarbeitsverhältnisses" Erosionstendenzen.

2.1 Definition: Normalarbeitsverhältnis

Definiert wird das Normalarbeitsverhältnis üblicherweise durch die Aufzählung seiner im Wesentlichen unumstrittenen Merkmale: Diese Erscheinungsform von Arbeitsverhältnissen ist geprägt durch die abhängige Erwerbsarbeit. Sie wird in Vollzeit, in einem Betrieb und für einen einzigen Arbeitgeber verrichtet, ist also keine Leiharbeit. Dabei ist der Arbeitsvertrag ohne zeitliche Befristung auf Dauer angelegt. Die Arbeit wird zu „Normalarbeitszeiten" und damit gleichmäßig auf die Werktage verteilt ausgeübt. Entscheidend ist auch die Größe der Belegschaft („Normalbelegschaft"), die eine Gründung und Vertretung der Arbeitnehmerinteressen durch Personal- und Betriebsrat ermöglicht.[3] Dombois ergänzt hierzu das existenzsichernde Einkommen und die Eingebundenheit „in ein engmaschiges Netz von rechtlichen und tariflichen Normen, die Vertragsbedingungen und soziale Sicherung regeln."[4]

Regelungen über Arbeits- und Kündigungsschutz, sowie Ansprüche gegenüber Arbeitslosen-, Renten- und Krankenversiche-

---

[3] Mayer-Ahuja (2003) S. 34, Mückenberger (1985) S. 422-423
[4] Dombois (1999) nach Wagner (2000) S. 208

rung sind ebenfalls fest mit dem Normalarbeitsverhältnis verbunden.

2.2 Bedeutung des Normalarbeitsverhältnisses

Mückenberger schrieb diesem Beschäftigungsmodell in doppelter Hinsicht eine standardisierende Bedeutung zu: Zum einen die empirische „Normalität" und Regelmäßigkeit. Sie besteht aufgrund der hohen Anzahl der Erwerbstätigen, die in einem solchen Beschäftigungsverhältnis tätig sind. Und zweitens eine normative Kraft und Leitbildfunktion des „Normalarbeitsverhältnisses", die in vielerlei Hinsicht Orientierung bietet. Dies schlägt sich in Gesetzen, Tarifverträgen und Sozialversicherungen in der „juristisch anerkannten und darum *„herrschenden Fiktion"* nieder".[5]

2.3 Historischer Abriss

Das Normalarbeitsverhältnis etablierte sich in der Bundesrepublik Deutschland nach 1945 als „typische" Erwerbsform. Es ging nach dem Zweiten Weltkrieg aus dem Bedeutungsgewinn der abhängigen Beschäftigung hervor. Die Gründe für den voranschreitenden Bedeutungszuwachs einer dauerhaften abhängigen Vollzeitbeschäftigung lagen in der wirtschaftlichen Entwicklung in der Nachkriegszeit, die einen schnell wachsenden industriell-marktwirtschaftlichen Sektor hervorbrachte. Dieser Trend ging u.a. mit sinkenden Anteilen der Selbständigen einher. Gleichzeitig vollzog sich auch eine qualitative Veränderung der abhängigen Beschäftigung, was ebenso zur Entstehung des Normalarbeitverhältnisses beitrug. Schon unter der Reichsregierung Deutschlands wurden soziale Teilhaberechte an die dauerhaft abhängige Vollzeitbeschäftigung geknüpft. Es erfolgte eine zunehmende sozialpolitische Regulierung der abhängigen Beschäftigung. Nach 1955 begannen sich nach und nach die materielle und rechtliche Absicherung sowie die betriebliche Integration im Sinne des Normalarbeitsverhältnisses zu etablieren. Dies äußerte sich in steigenden Löhnen und Gehältern in den 1950er und 1960er Jahren. Vor allem Männer konnten zunehmend mit einem einzigen Arbeitseinkommen sich und ihre Familien versorgen. Zusätzlich reduzierten sich die Gehaltsunterschiede zwischen Frauen und Männern. Durch den Ausbau und die Vereinheit-

---

[5] Mückenberger (1985) S. 433

lichung des Sozialversicherungsschutzes stellte sich eine Absicherung auch in rechtlicher Hinsicht ein. Die Leistungserhöhung machte die Erhaltung des Lebensstandards auch bei Alter, Arbeitslosigkeit und Krankheit möglich. Dieser Schutz wurde bald auch auf nicht abhängig Erwerbstätige ausgeweitet. Die relativ hohe Arbeitsplatzsicherheit steuerte ihren Beitrag zu dieser Entwicklung bei, so dass eine hohe betriebliche Integration entstand. In den 1950er und 1960er Jahren galt es als normal, wenn Beschäftigte von der Ausbildung bis zur Rente in einem einzigen Betrieb tätig waren. Dort waren ein festes Kollegium, die stetige Verbesserung des Einkommens und der sozialen Sicherung sowie oft auch Aufstiegschancen (ähnlich dem Senioritätsprinzip) gegeben. Das Recht auf unternehmerische Mitbestimmung durch Betriebsräte, die gewerkschaftliche Vertretung etc. kam noch hinzu.

Diese Entwicklung zum Normalarbeitsverhältnis, die für fast jeden abhängig Beschäftigten einen Garant für wachsenden Wohlstand bedeutete, konnte letztlich nur unter den günstigen Bedingungen dieser Zeit entstehen. Sie war durch eine wirtschaftliche Hochkonjunkturphase und kontinuierlich steigende Unternehmensgewinne geprägt. Der wirtschaftliche Aufschwung führte in den 1960er Jahren zu einem massiven Arbeitskräftemangel, der den Beschäftigten zu einer günstigen Verhandlungsposition der Arbeitnehmerschaft (starke Gewerkschaften) gegenüber der Arbeitgeberschaft verhalf. Der Staat griff mit in die Entwicklung ein und die Sozialpolitik etablierte einen wohlfahrtsstaatlichen Kapitalismus in Deutschland. Gerichtliche Entscheidungen halfen, die rechtlichen Standards des Normalarbeitsverhältnisses durchzusetzen.

Die Herausbildung des Normalarbeitsverhältnisses erstreckte sich also über mehrere Jahrzehnte. Somit war und ist das Normalarbeitsverhältnis immer einer gewissen Dynamik unterworfen. Damals wie auch heute ist das Normalarbeitsverhältnis niemals für alle Erwerbstätigen zugänglich. Dies ist besonders für Frauen zutreffend, da es sich immer hauptsächlich auf männliche Erwerbsarbeit bezogen hat. Schon allein deshalb galt es auch immer als eine „rechtskonstruktivistische Figur", die das Ergebnis eines langen Aushandlungsprozesses darstellt.

2.4 Funktionen des Normalarbeitsverhältnisses

Da nun aber das Arbeits- und Sozialrecht seine Schutz- und Gewährleistungsrechte an das Normalarbeitsverhältnis gekoppelt hat, werden alle anderen, vom Normalarbeitsverhältnis abweichenden Erwerbsformen mit Sanktionen belegt und diskriminiert. Somit besteht nicht nur ein schützender Charakter, sondern auch ein selektiver, sobald Kriterien wie Dauer und Kontinuität nicht erfüllt werden. Die Ausrichtung auf die Erwerbsarbeit und der Ausschluss der Reproduktionstätigkeit (Hausarbeit und Kindererziehung) belegen diesen normativen Charakter („Schutz nur in bestimmten Lebenslagen"). Es wird dadurch sehr deutlich in die Lebensführung der Bürger eingriffen.

3. Die Normalbiografie und das Alleinernährer-Modell

Parallel zum Normalarbeitsverhältnis kam der Begriff der sog. „Normalbiografie" auf. Auf sie wird im Folgenden genauer eingegangen, da auf diese Biografieform in der vorliegenden Untersuchung immer wieder Bezug genommen wird.

Genauso wie der Begriff „Normalarbeitsverhältnis" wurde auch die „Normalbiografie" erst entdeckt und thematisiert, als sie bereits bedroht war. Und genauso handelt es sich auch dabei um einen fiktiven Begriff. Die Normalbiografie entwickelte sich parallel zum Normalarbeitsverhältnis in der Nachkriegszeit. Die zunehmende Institutionalisierung der Arbeitsverhältnisse brachte (eng aneinander gekoppelt) eine Institutionalisierung der Lebensläufe der Menschen mit sich. Dabei machte das Normalarbeitsverhältnis mit seiner stabilisierenden Wirkung die Entstehung der Normalbiografie überhaupt erst möglich. Mit dem Normalarbeitsverhältnis war stets die Vorstellung verbunden, dass erwerbstätige Männern als Alleinverdiener die Aufgabe zukommt, die finanzielle Absicherung (materielle Reproduktion) der Familie zu übernehmen. Dies wurde in den 1950er Jahren möglich, da die Arbeiter erstmals ausreichend hohe Löhne- und Lohnersatzleitungen zur Versorgung ihrer Familien bekamen (sog. Familienlöhne). Auch wenn sich in dieser Zeit die Einkommensunterschiede zwischen Frauen und Männern deutlich reduzierten, waren es meist vollzeittätige Männer, die ein solches Arbeitseinkommen erhielten. Damit etablierte sich das „Alleinernährer-Modell" und die Hinzuverdienste der Ehrfrauen waren nicht mehr zur Existenzsicherung nötig. Zumal Frauen auch eher in Arbeitsverhältnissen beschäftigt waren, die weniger gut geschützt waren als das Normalarbeitsverhältnis. Es resultierten arbeitsteilige, geschlechtsspezifische Normalbiografien.

Die „weibliche" Normalbiografie bestand fortan in der „Hausfrauenehe". Die Rolle der Frauen bestand in der Erfüllung von familiären und haushälterischen Arbeiten. Dies ging einher mit der wirtschaftlichen Abhängigkeit der Frauen von den Ehemännern. Im Hinblick auf materielle und soziale Sicherheit waren die Ehefrauen weitgehend von den Ansprüchen ihrer Ehemänner aus den Normalarbeitsverhältnissen ausgeschlossen. Ihre Absicherung war an die männliche Erwerbstätigkeit gekoppelt, indem sie beispielsweise familienversichert waren oder im entsprechenden Sterbefall Witwenrente beziehen konnten. Das geschlechterhierarchische „Alleinernährer-Modell" wurde in den 1950er und 1960er Jahren zur statistischen Normalität. Durch eine sozialpolitische Gesetzgebung zum Ausbau des männlich dominierten Normalarbeitsverhältnisses wurde dieses begünstigt. Es war zunehmend das gewünschte Geschlechterarrangement und sicherte die größten Chancen auf eine Teilhabe am Wohlstand und an der Sicherheit, die mit diesem Modell verbunden sind. Damit bedeutete es auch die Bevorzugung „der Biografie des geringsten Widerstandes". Dies war von den Gewerkschaften durchaus so gewollt und wurde zusammen mit der (Sozial-) Politik mehr und mehr realisiert.

Die „männliche" Normalbiografie ist durch gewisse Stationen und Statuspassagen des Erwerbslebens geprägt. Kennzeichnende Phasen sind die Ausbildung, die Phase der Erwerbstätigkeit und der Eintritt in die Rente. Es bestand auch weitgehend ausschließlich die Möglichkeit zur vollbeschäftigten abhängigen Erwerbstätigkeit.

4. Vom Normalarbeitsverhältnisses zur atypischen Beschäftigung

„Die These von der Erosion des Normalarbeitsverhältnisses gründet sich auf die Behauptung, dass die (bisherige) Norm immer weniger auch Normalität ist, weil es eine wachsende Zahl von der Norm abweichender Beschäftigungsverhältnisse gibt. Diese neue Normalität gebö̈te eine Überwindung der Norm, die sich offensichtlich überlebt habe."[6] Die Auflösung des Normalarbeitsverhältnisses ist demnach bereits eingetreten und seine Auflösung ist als eine logische und zwangsläufige Konsequenz der wirtschaftlichen Entwicklung anzusehen. Tatsächlich war seit der Wirtschaftskrise im Jahr 1973 eine Ausweitung der atypischen Beschäftigungsverhältnisse zu verzeichnen. Bis Mitte der 1990er Jahre sank die Zahl der Arbeitnehmer, die in einem Normalarbeitsverhältnis beschäftigt waren, kontinuierlich. Nur noch etwas mehr als die Hälfte aller Erwerbstätigen waren in dieser Form beschäftigt.[7] Es besteht also ein Trend zu immer weniger „Normal-" und immer mehr „atypischen" Arbeitsverhältnissen. Diese Entwicklung möchte ich in Kapitel 5 (S. 13 ff.) noch einmal aufgreifen. Heftig umstritten ist allerdings, ob tatsächlich die Zunahme der atypischen Arbeitsverhältnisse zur quantitativen Erosion des Normalarbeitsverhältnisses geführt hat und ob ein Bedeutungsverlust dieses Verhältnisses wirklich eingetreten ist. Vorsicht geboten ist bei der Diskussion um die Erosion im Hinblick auf das wahre Ausmaß dieser Erosion. Dies wird sich weiter unten bei der genaueren Betrachtung der quantitativen Entwicklung zeigen.

In der Tertiarisierung des Arbeitsmarktes bzw. der Industriegesellschaft und den steigenden Arbeitslosenzahlen werden, u.a. nach der Auffassung von Mayer-Ahuja, Hoffmann und Walwei, die Ursachen für die Ausweitung der atypischen Beschäftigungsverhältnisse gesehen.[8] Alexandra Wagner meint jedoch im Gegensatz dazu, die Ursachen in der Entwicklung anderer Lebensformen von Männern und Frauen zu erkennen, die sich nicht mehr am üblichen Geschlechterkontrakt orientieren.

---

[6] Wagner, A. (2000) S. 211
[7] Hoffmann/Walwei (1998) S. 409
[8] Mayer-Ahuja (2003) S. 40; Hoffmann/Walwei (1998) S. 420

Abgesehen von dem statistisch schwer nachweisbaren quantitativen Bedeutungsverlust des Normalarbeitsverhältnisses machen u.a. Mayer-Ahuja und Wagner auf die qualitative Dimension dieser Veränderungen aufmerksam; und zwar im Sinne einer *„Erosion arbeitsmarktpolitischer Normen"* durch eine zunehmende Akzeptanz der atypischen Beschäftigungsverhältnisse und der nachlassenden Orientierung von sozialpolitischen Regelungen am Normalarbeitsverhältnis.

Die wissenschaftliche Kritik des Normalarbeitsverhältnisses weist auf eine Delegitimierung hin, die sich aus Disziplinierungs- und Diskriminierungswirkungen ergeben soll. Durch die Kopplung von dauerhaft abhängiger Vollzeitbeschäftigung an die soziale Sicherung ergibt sich für die entsprechend Beschäftigten eine Fülle von Vorteilen. Jedoch sind ein abweichendes Erwerbsverhalten oder -biografien nicht mehr möglich, ohne dass ein Ausschluss aus dem Sozialversicherungsschutz droht. Mückenberger sieht darin ein kritikwürdiges „herrschaftlich geformtes Sozialmodell abhängiger Arbeit".[9] Die diskriminierende Wirkung wird ebenfalls an der sozialen Absicherung festgemacht. So heißt es in diesem Zusammenhang, dass „Besitzer der Normalbeschäftigung" (Insider) die Integration der atypisch Beschäftigten (Outsider) verhindern. Aufgrund hoher Löhne und Sozialabgaben würde so die Schaffung neuer Arbeitsplätze vereitelt und eine Verteilung von Arbeit und Lohn auf verschiedene Arten von Beschäftigungsverhältnissen unmöglich gemacht. Im Gegensatz dazu soll die Ausweitung der atypischen Beschäftigung angeblich genau dies ermöglichen. Zudem sollen sie die traditionelle Ungleichheit zwischen Frauen und Männern sowie zwischen Stamm- und Randbelegschaften aufbrechen.[10] Zumindest für die Disziplinierungswirkung hält Mayer-Ahuja einen solchen pauschalen Umkehrschluss, der „individuelle Arbeits- und Zeitsouveränität" verspricht, für nicht überzeugend.

Seitdem wird diese Erosion im wissenschaftlichen Diskurs dauerhaft diskutiert. Verschiedene Ansätze versuchen, Ursachen und

---

9   Mückenberger (1985) S. 433
10 Nach Mayer-Ahuja (2003) S. 44

Folgen dieses Prozesses ausfindig zu machen. Hinzu kommen Versuche, diese These sozialpolitisch zu instrumentalisieren.

5. Empirische Betrachtungen

Vorab ist die aktuelle Arbeitslosenzahl zu nennen, die laut Angaben der Bundesagentur für Arbeit in der letzten Zeit zurückgegangen ist. Die saisonbereinigten Werte liegen für den Monat Juli 2007 bei 3.715.000. Das bedeutet im Vorjahresvergleich einen Rückgang von 15%. Als Gründe dafür werden ein konjunkturell bedingter Aufbau von sozialversicherungspflichtiger Beschäftigung, ein rückgängiges Arbeitskräfteangebot (100.000 weniger) und eine intensivere Betreuung von Arbeitslosen genannt.[11]

Die allgemeine Erwerbsbeteiligung ist in den Jahren von 1985 bis 2005 von 68% auf 75,1% angestiegen. In einer Betrachtung unter Berücksichtigung des Geschlechtes wird deutlich, dass sich dies auf eine höhere Beteiligung der Frauen am Arbeitsmarkt zurückführen lässt. Entgegen vieler Erwartungen und Prognosen ist die Quote der Personen, die im erwerbsfähigen Alter in einem Normalarbeitsverhältnis tätig sind, nur leicht gesunken. Mit 37% im Jahr 1985 liegt lediglich eine Differenz von 3,1% zum Jahr 2005 mit 33,9% vor. Ein erheblicher, wenn auch nur kurzer Anstieg auf rd. 43% war in Folge der deutschen Wiedervereinigung zu verzeichnen. Das Normalarbeitsverhältnis ist in Deutschland also nach wie vor dominierend. Die empirischen Befunde des Mikrozensus zeigen jedoch für das Normalarbeitsverhältnis seit 1985 bis in die 1990er Jahre auch einen relativ konstanten Entwicklungsverlauf. Seitdem zeigt sich jedoch ein verändertes Bild. Die Erwerbsquote des Normalarbeitsverhältnisses ging stetig zurück. Von 2001 mit 37% gab es einen Rückgang auf 33,9% im Jahr 2005. Dagegen sind die atypischen Beschäftigungsformen deutlich häufiger aufgetreten, womit sich auch die Erwerbsquote insgesamt wieder erhöhte (s.o.). [12]

Mit Blick auf die Geschlechterverteilung ist zu sagen, dass das Normalarbeitsverhältnis eine Männerdomäne ist und schon immer war. Gegenüber 1985 ist für das Jahr 2005 nur ein leichter Rückgang der Männer-Erwerbsquote von etwa 51% auf rd. 45% eingetreten. Die Frauen hatten zur selben Zeit eine Quote von nur 23,1%. Damit

---

[11] BA (2007b) S. 4 ff.
[12] Oschmiansky (2007) S. 5

13

sind sie 2005 auf einem Niveau geblieben, das fast auf dem Niveau von 1985 (23,4%) lag. Dennoch hat die Ausweitung der atypischen Beschäftigung und der Teilzeitbeschäftigung die Erwerbsbeteiligung der Frauen insgesamt ansteigen lassen. Insbesondere die Zunahmen im Bereich der geringfügigen Beschäftigung und letztendlich auch die Tertiärisierung des Arbeitsmarktes begünstigten diese Entwicklung. Allerdings hat das IAB in seiner Arbeitsvolumenrechnung gleichzeitig eine Abnahme des Frauen-Arbeitsvolumens feststellen müssen. Im Gegenzug sank die männliche Erwerbsbeteiligung leicht von 84% (1985) auf 83% (2005), wobei die Entwicklung der atypischen Beschäftigung einem stärkeren Abwärtstrend entgegenwirkte.[13]

---

[13] Oschmiansky (2007) S. 10

6. Die potentielle Prekarität der „atypischen" Beschäftigungsverhältnisse

Wie schon im vorangegangenen Kapitel über das Normalarbeitsverhältnis deutlich wurde, sind mit dieser Erwerbsform bestimmte Standards verbunden. Mayer-Ahuja benutzte diese, um an ihnen die besondere Problematik der im Reinigungsgewerbe verbreiteten Erwerbsformen herauszuarbeiten.[14] Die Abweichungen von den etablierten Standards verdeutlichen zum einen die Unterschiede der sog. atypischen Erwerbsformen zum Normalarbeitsverhältnis und zum anderen ihre oft negativen Konsequenzen für die Betroffenen.

Die Tatsache, dass atypische Beschäftigungsformen nicht nur mit Freiheit, sondern auch mit Unsicherheit und Risiken einhergehen, hat teilweise zu einer massiven Kritik an diesen Beschäftigungsmodellen geführt. Deshalb werden auch immer häufiger negativ konnotierte Begriffe, wie „unsichere", „ungeschützte" oder eben „prekäre" Beschäftigung, verwendet. Die Besetzung der atypischen Beschäftigungsformen mit den genannten oder ähnlichen Begriffen macht letztendlich die Kritik an ihren prekären Potentialen deutlich.

Um das prekäre Potential der vielfältigen atypischen Beschäftigungsverhältnisse gegenüber dem Normalarbeitsverhältnis genauer analysieren zu können, möchte ich wie Mayer-Ahuja, eine Differenzierung in drei Aspekte prekären Potentials vornehmen. Demnach ist in *materielle, rechtliche* und *betriebliche Prekaritätspotentiale* zu unterscheiden:

So ist eine *materielle Prekarität* gegeben, wenn das Arbeitseinkommen nicht zum Lebensunterhalt ausreicht. Das volle Prekaritätspotential liegt vor, sobald ein dementsprechendes Beschäftigungsverhältnis nicht nur als Zuverdienst, sondern in Kombination mit einem anderen gleichwertigen Beschäftigungsverhältnis auftritt. Aber auch die finanzielle Absicherung durch eine(n) Lebenspart-

---

[14] Mayer-Ahuja (2003) S. 37 u. 51 ff.

ner/in mit einem „Normaleinkommen" kann dazu führen, dass viele Beschäftigte bei einer Trennung nicht mehr für den eigenen Lebensunterhalt aufkommen können.

Rechtliche Prekarität wird allen atypischen Beschäftigungsverhältnissen attestiert. Oft besteht mangelnde Gültigkeit von Tarifverträgen. Deshalb sind auch Tariflöhne und Rechtsansprüche nicht sicher. Der Einbezug in Betriebsvereinbarungen ist ebenfalls eher selten gegeben. Ein gemeinsames Auftreten mit der rechtlichen mit der materiellen Prekarität ist nicht selten. Gemessen am Normalarbeitsverhältnis beinhalten atypische Erwerbsformen teilweise erhebliche rechtliche Sicherungsdefizite, wie beispielsweise der Verzicht auf Leistungen der Sozialversicherungen bei Krankheit und Arbeitslosigkeit oder im Alter. Auch der Kündigungsschutz, Abfindungen oder die Lohnfortzahlung im Krankheitsfall können gänzlich fehlen.

Das *betriebliche Prekaritätspotential* wird in einer geringen Betriebzugehörigkeit gesehen. Aus der meist fehlenden Integration in informelle kollegiale Strukturen resultieren geringere Einflussmöglichkeiten der Betroffenen auf Arbeitbedingungen, Löhne und Arbeitsabläufe. Aufgrund des möglichen flexiblen Einsatzes der Beschäftigten ist der Anschluss an eine informelle Solidarität unter den Kollegen erschwert. So wird auch eine formelle Repräsentanz durch Betriebsräte u.ä. behindert. U.a. der o.g. Ausschluss aus Betriebsvereinbarungen ist Ausdruck des *betrieblichen Prekaritätspotentials*. Die Realisierung von *materiellen* und *rechtlichen Prekaritätspotentialen* wird aufgrund der fehlenden Verteidigung wie bei den „normalen" Standards durch Betriebsräte und Gewerkschaften erleichtert.

Eine Auswertung der Wirkung und der Bedeutung der verschiedenen Prekaritätsdimensionen wird im Hauptteil der vorliegenden Untersuchung vorgenommen. Vorab ist jedoch die Feststellung zu nennen, welche auch von Mayer-Ahuja und dem Gesprächskreis „Migration und Integration" der Friedrich-Ebert-Stiftung getroffen wurde. „Atypische" Beschäftigung ist demnach nicht automatisch mit „prekärer Arbeit" gleichzusetzen. Jedoch weisen atypische Beschäftigungsverhältnisse ein beträchtliches, prekäres Potential auf, das sich unter bestimmten Bedingungen bzw. Lebenslagen realisieren kann. Letzteres gilt es in dieser Untersuchung festzustellen.

7. Selbständigkeit

Im Beschäftigungsmodell der Selbständigkeit bestehen keine arbeitsrechtlichen Bestimmungen oder Bindungen in der Form, wie sie für das (Normal-) Arbeitsverhältnis vorhanden sind. Die derart Beschäftigten stehen als freie Unternehmer am freien Markt ihren Kunden und Auftraggeben gegenüber.

7.1 Dimensionen und Strukturmerkmale der Selbständigkeit

Seit 1991 ist die Zahl der Selbständigen kontinuierlich gestiegen. 1991 waren insgesamt rd. 5,6 % der Personen im erwerbsfähigen Alter selbständig, rd. 0,6 % auf Teilzeit-Basis und rd. 5,0% in Vollzeitbeschäftigung. Im Jahr 2005 waren bereits rd. 7,6% der Personen im erwerbsfähigen Alter selbständig, rd. 1,2% auf Teilzeit-Basis und rd. 6,4% in Vollzeitbeschäftigung.[15] Die Verbreitung der Selbständigkeit unter den Frauen und Männern im erwerbsfähigen Alter war 2005 sehr unterschiedlich. Von den Frauen waren rd. 4,6% und von den Männern rd. 10,4% selbständig.[16]

7.2 Rechtliche Rahmenbedingungen der Selbständigkeit

In Abgrenzung zum Normalarbeitsverhältnis ist sämtlichen freien Vertragsformen gemeinsam, dass arbeitsrechtliche Schutzbestimmungen nicht zur Anwendung kommen. Die Selbständigkeit in einem Beschäftigungsverhältnis wird von den Vertragsparteien als nicht abhängige Beschäftigung vereinbart. Damit wird eine Abgrenzung zum abhängigen Arbeitsverhältnis vorgenommen. Entscheidend für den Status des Arbeitsverhältnisses – selbständig oder nichtselbständig – ist die Einordnung der Vertragsbeziehung und ihre Durchführung. In Anlehnung an die Definition des § 84 Abs. 1 HGB[17] gilt als selbständig, „wer im wesentlichen frei seine Tätigkeit gestalten und seine Arbeitszeit bestimmen kann.". Aber auch hier sind in Zweifelsfällen die Rechtsprechungen der BAGs maßgebend.

---

[15] Oschmiansky (2007) S. 11 f.; Siehe *Abb. 1*
[16] Oschmiansky (2007) S. 12; Siehe *Abb. 2 u. 3*
[17] Alle Quellenangaben bzw. angegebenen Gesetze und Verordnungen stammen vom der Internetseite des Bundesministerium der Justiz. Sie wurden in der Zeit vom 16.07. bis zum 3.10.2007 abgerufen.

7.2.1 Freie Mitarbeiter und Honorarkräfte

Freie Mitarbeiter sind selbständige Beschäftigte. Verschiedene Erscheinungsformen sind im Rahmen von Werk- oder Dienstverträgen möglich. Bezeichnet werden sie auch mit den Begriffen „Honorarkraft", „freelancer" oder „feste Freie". Letztere unterscheiden sich durch regelmäßigen Arbeitseinsatz von den anderen Formen. Mit Abschluss eines Dienstvertrages verpflichtet sich der Beschäftigte dem Dienstgeber gegenüber, Dienste gegen Entgelt zu leisten (§ 611 ff. BGB). Die Option des Werkvertrages beinhaltet für den Werksunternehmer die Verpflichtung zur Erstellung oder Herstellung eines Werkes bzw., ein bestimmtes Arbeitsergebnis zu leisten (§ 631 ff. BGB). Es können weiterhin auch andere Vertragsformen oder Varianten aus dem BGB vereinbart werden, wie z.B. der Subunternehmervertrag als besondere Form des Werkvertrages. Wird das Vertragsverhältnis als ein freies Dienstverhältnis, ein Werkvertrag o.ä. abgeschlossen, so gilt nur das allgemeine Vertragsrecht mit den Besonderheiten aus dem Dienst- bzw. Werkvertragsrecht. Somit sind auch die Schutzvorschriften des Arbeitsrechtes ausgeschlossen. Vorteilhaft für den Auftraggeber ist, dass für ihn die Abgabe der Lohnsteuer und Sozialversicherungsbeträge entfällt.

7.2.2 Scheinselbständigkeit

Das Phänomen der sog. Scheinselbständigkeit bewegt sich in der „Grauzone" zwischen selbständiger und abhängiger Beschäftigung. Bedenklich ist diese Beschäftigungsform, wenn die Erwerbstätigkeit für nur einen Auftraggeber ausgeführt wird, bzw. zur „Tarnung" einer abhängigen Beschäftigung durch Werk- oder Dienstverträge dient. Die Schutzvorschriften des Arbeitsrechtes können auf diese Weise umgangen und die Zahlung der Lohnsteuer und Sozialversicherungsbeiträge gänzlich auf den Beschäftigten abgewälzt werden. § 7 Abs. 1 SGB IV verdeutlicht, welche Eigenschaften eine Erwerbstätigkeit aufweisen muss, um nicht als Selbständige gewertet zu werden. Anhaltspunkte sind hier die „Tätigkeit nach Weisungen und eine Eingliederung in die Arbeitsorganisation". Empirisch ist diese Beschäftigungsform nur schwer fassbar.

7.3 Sozialversicherung

Die Beschäftigten, die Selbständige sind bzw. wie solche behandelt werden, sind häufig nicht automatisch in die Sozialversicherungssysteme einbezogen. Selbständige müssen für die Finanzierung ihrer Absicherung selbst aufkommen. Dabei haben sie die Sozialversicherungsbeiträge allein aus ihren Einnahmen, ohne den Zuschuss der Arbeitgeberanteile zu tragen. Es ist sogar noch drastischer, da sie auch die ihren Einnahmen entsprechenden Arbeitgeberanteile aus diesen Einnahmen bestreiten müssen.

Wird von den Betroffenen eine hauptberufliche Selbständigkeit ausgeübt, können sie sich über ein privates Versicherungsunternehmen oder freiwillig (unter bestimmten Voraussetzungen) in der GKV versichern. Die PV folgt dabei der GKV. Selbständige, die ohne Absicherung im Krankheitsfall sind und die zuletzt in der Privaten Krankenversicherung (PKV) waren bzw. ihr zuzuordnen sind, können sich in einem neuen, modifizierten Standardtarif bei einer PKV versichern. Diese Regelung gilt seit dem 1. Juli 2007. Der modifizierte Standardtarif wird ab dem 1. Januar 2009 automatisch in den neuen Basistarif überführt, bei dem es keine Risikozuschläge oder Leistungsausschlüsse gibt. Freiberufler können sich von der Versicherungspflicht in der GRV befreien lassen. Allerdings wird für einige selbständig Tätige diese Möglichkeit ausgeschlossen. Zu dieser Gruppe zählen laut § 2 SGB VI u.a. Handwerker, Hebammen, Krankenpfleger, Lehrer, Künstler und Publizisten. Angehörigen der verkammerten freien Berufe, wie z.B. Ärzte, Apotheker, Architekten, Notare, Rechtsanwälte, Steuerberater, Wirtschaftsprüfer usw., sind als Selbständige nicht zur Mitgliedschaft in einer GRV verpflichtet. Alternativ müssen sie sich in berufsständischen Versorgungswerken versichern. Der Abschluss einer freiwilligen Arbeitslosenversicherung ist unter bestimmten Voraussetzungen ebenfalls möglich.

7.4 Bewertung

Für die gesamte berufliche Selbständigkeit gilt eine gewisse Janusköpfigkeit. Die Selbständigkeit kann in erfolgreichen Fällen und unter günstigen wirtschaftlichen Bedingungen durchaus von Vorteil sein. Stärkere persönliche Selbstverwirklichung sowie eine bessere Vereinbarkeit von Familie und Beruf können erreicht werden, weil mehr Ausgestaltungsmöglichkeiten der Arbeitszeit und der Arbeitsinhalte als in einem Normalarbeitsverhältnis zu erwarten sind. Der hohe Männeranteil deutet darauf hin, dass der Selbständigkeit keine wesentliche Funktion zur Partizipation von Frauen am Arbeitsmarkt zukommt. Die Einkommensaussichten sind nicht grundsätzlich als schlecht zu bewerten. Allerdings können soziale Risiken bei einem ungünstigen Geschäftsverlauf kumulieren. In diesen Fällen entwickelt sich die Selbständigkeit zu einer prekären Erwerbssituation. Niedrige Einnahmen und Einkommenseinbußen gegenüber früheren Beschäftigungsverhältnissen erzeugen oft einen unzureichenden sozialen Schutz, da die soziale Absicherung und Altersvorsorge durch die Betroffenen selbst zu leisten sind. In diesem Bereich wird häufig gespart. Psychische und physische Belastungen sowie die Gefahr der Deprivation des Einzelnen steigen. Besonders bei Einkommen am Rand des Existenzminimums sind diese Risiken hoch, da der Betroffene in der Regel das Defizit mit längeren Arbeitszeiten zu kompensieren versucht. Viele Existenzgründer durchleben diese Situation besonders in der Startphase. Bleiben die wirtschaftlichen Erfolge längerfristig oder gar dauerhaft aus, ist nicht mehr nur die aktuelle Situation prekär. Es entstehen im schlimmsten Fall wirtschaftliche „Kümmerexistenzen" mit unzureichender sozialer Absicherung.[18]

Legt man also die Kriterien zur Einschätzung der potentiellen Prekarität an, so ist die Selbständigkeit in jeder Dimension als prekär zu bezeichnen. Es fehlen gänzlich der Kündigungsschutz, Abfindungen oder die Lohnfortzahlung im Krankheitsfall. Eine Betriebszugehörigkeit besteht in den seltensten Fällen, nur gelegentlich bei einer Scheinselbständigkeit. Ein Recht auf Tariflöhne, Interessenvertretungen durch Betriebsräte und die damit verbundenen Einflussmöglichkeiten auf Arbeitsbedingungen im weitesten Sinne bestehen ebenfalls nicht. Niedrige oder diskontinuierliche Einkommensverhältnisse führen zu Leistungsminderungen an die Sozialversicherungen mit Einbußen der späteren Versorgungsansprüche. Damit tragen die Betroffenen Unternehmerrisiken und sind bezüglich aller angesprochenen Kriterien und Aspekte direkt von der wirtschaftlichen Marktlage abhängig.[19] Letztendlich folgt daraus, dass sich das Beschäftigungsmodell der Selbständigkeit unter dem Aspekt der Regulierung und Absicherung der wirtschaftlichen Exis-

---

[18] Noll/Wießner (2006) S. 272

[19] Dieser Umstand ist bei dieser Erwerbsform am deutlichsten ausgeprägt, da die „Pufferfunktion", die Betriebe bei Marktschwankungen erfüllen, gänzlich fehlt.

tenz als das diametrale Gegenteil des Normalarbeitsverhältnisses darstellt.

In vielerlei Hinsicht hat die „echte" Selbständigkeit eine grundlegende Orientierung für die Schaffung der im folgenden Kapitel behandelten Modelle subventionierter Selbständigkeit geboten. Aufgrund dieser Tatsache sind die hier entwickelten Ergebnisse grundlegend für das folgende Kapitel dieser Untersuchung. Außerdem soll darauf hingewiesen werden, dass sich der Gesetzgeber mit dieser Orientierung an einem atypischen wie auch in weiten Teilen prekären Beschäftigungsmodell ausrichtet.

8. Subventionierte Selbständigkeit

Zur Verbesserung der Integration in den ersten Arbeitsmarkt bedient sich die BA u.a. der Förderungsinstrumente aus dem Rechtskreis des SGB III. Im folgenden Abschnitt werden die wichtigsten Modelle zur Förderung der Selbständigkeit dargestellt. Zum 1. August 2006 wurden diese Instrumente geändert. Der „Gründungszuschuss" trat an die Stelle des bewährten „Überbrückungsgeldes" und der durch die Medien berühmt gemachten, gleichzeitig aber auch berüchtigten „Ich-AG". Auch wenn die nun veralteten Instrumente gerade auslaufen bzw. schon beendet sind, sollen sie hier noch einmal beschrieben werden, weil sie Kriterien zur Bewertung des noch recht jungen „Gründungszuschusses" liefern. Die Reformschritte sollen eine individualisierte Beschäftigungsförderung in Sinne von „Fordern und Fördern" bewirken.[20] Es ist zu beachten, dass die im vorangegangen Kapitel zur Selbständigkeit entwickelten Beurteilungsergebnisse im Wesentlichen auch auf die Modelle der subventionierten Selbständigkeit zutreffen.

8.1 Entwicklung der geförderten Existenzgründungen

Das Mitte der 1980er Jahre eingeführte Überbrückungsgeld wurde seit seiner Einführung in kontinuierlich steigender Zahl in Anspruch genommen. Zwischen Januar 2003 und Juni 2006 wurde bundesweit in mehr als 395.000 Fällen ein Existenzgründungszuschuss gewährt, Überbrückungsgeld wurde in diesem Zeitraum in mehr als 570.000 Fällen bewilligt. Die Einführung der Ich-AG brachte ein nie gekanntes Maß von geförderten Gründungen hervor. Im Jahr 2003 stieg die Zahl auf über eine Viertelmillion geförderter Existenzgründungen, 2004 auf mehr als 350.000. Im Jahr 2005 sank sie wieder auf rd. 250.000 ab. Die erwarteten Substitutionseffekte zu den zeitgleich angebotenen Förderungen traten jedoch nicht ein.[21]

Die zeitnahe Einführung des Gründungszuschusses zum 1. August 2006 lässt der BA für Aussagen zur Entwicklung bis zum August dieses Jahres nur die Möglichkeit der Hochrechnung. Demnach wurden in diesem Monat rd. 99.300 Zuschüsse ausgezahlt. Für

---

[20] Noll/Wießner (2006) S. 270
[21] Caliendo et al. (2007) S. 1 f.

die auslaufenden Ich-AGs mit rd. 112.200 Fällen sind die Bedingungen identisch. Seit Jahresbeginn 2006 wurden rd. 82.000 Personen mit dem Gründungszuschuss gefördert, in Westdeutschland rd. 62.700 und in Ostdeutschland 19.300. Im August 2007 waren es insgesamt rd. 211.500 Fälle.[22]

8.2 Das Überbrückungsgeld

Mit dem Überbrückungsgeld nach § 57 SGB III (veraltet) sollten Existenzgründungen von Arbeitslosen unterstützt werden. In dem bezugsberechtigten Personenkreis waren auch beschäftigte Personen, die von Arbeitslosigkeit bedroht waren. Es sollte der Eintritt in die Arbeitslosigkeit vermieden werden. Die BA gewährte das Überbrückungsgeld nur auf Antrag, bis zum 1.1.2004 nach eigenem Ermessen. Danach wurde es zu einer Pflichtleistung. Fördervoraussetzung war der Nachweis der Tragfähigkeit der Existenzgründung durch eine fachkundige Stelle. Das Überbrückungsgeld sollte die Sicherung des Lebensunterhaltes nach der Existenzgründung sichern. Es wurde es für eine Dauer von sechs Monaten in Höhe des individuellen Anspruches auf Arbeitslosengeld I, zuzüglich der darauf entfallenden pauschalierten Sozialversicherungsbeiträge geleistet. Vom 1. August 2006 an wurde es nur noch gezahlt, wenn die Förderung vor diesem Tag genehmigt worden ist.

Das Überbrückungsgeld sollte den Lebensunterhalt während der Startphase sichern und orientierte sich deshalb an der Lohnersatzleistung. Es erfolgte durch die BA lediglich die zusätzliche Auszahlung der pauschalierten Sozialversicherungsbeiträge. Die soziale Absicherung lag allein in der Verantwortung der Existenzgründer.

8.3 Die Ich-AG und die Familien-AG

Der schlagwortartige Begriff Ich-AG entstammt dem Zweiten Gesetz für moderne Dienstleistung, mit dem der sog. „Existenzgründungs-Zuschuss gemäß § 421 l SGB III" am 1.01.2003 eingeführt wurde. Das Instrument wurde von vornherein nur befristet eingesetzt. Ursprünglich sollte es bereits zum 31.12.2005 auslaufen. Dies geschieht nun mit den Neuregelungen ab dem 1. August 2006.

---

[22] BA (2007) S. 15 f.; Siehe hierzu auch *Abb. 4*

Demnach wird Subvention nur noch an diejenigen gezahlt, die ihren Anspruch noch vor dem 1. Juli 2006 geltend gemacht haben (§ 421 l Abs. 5 SGB III). Der Gesetzgeber verfolgte das Ziel, mit der Einrichtung der Ich-AG neue Beschäftigungen zu schaffen und die Schwarzarbeit abzubauen. Auf den Zuschuss hatten Arbeitslose einen Rechtsanspruch, die ALG I bezogen haben. Bis zur endgültigen Beendigung der Förderung gelten noch die ursprünglichen Regelungen. Das jährliche Arbeitseinkommen des Antragstellers durfte 25.000 Euro nicht überschreiten, da sonst der Zuschuss wegfiel. Die Tragfähigkeit der Existenzgründung musste durch eine fachkundige Stelle, wie die Industrie- und Handelskammer, eine Handwerkskammer oder ein Kreditinstitut usw., bestätigt werden. Bei Erfüllung der Voraussetzungen bot das Förderungsmodell einen gestaffelten finanziellen Zuschuss bis zu einer Dauer von drei Jahren. Im ersten Jahr wurden 600 Euro pro Monat, im zweiten Jahr 360 Euro und im dritten Jahr 240 Euro ausgezahlt. Die Zahlungen wurden jeweils für 12 Monate bewilligt. Die Beschäftigung von Arbeitnehmern war nicht gestattet. Die sog. *Familien-AG* lässt dagegen eine Ausnahme zu. Die Mithilfe von Familienangehörigen ist erlaubt, ein arbeits- oder sozialrechtliches Beschäftigungsverhältnis gegen Entgelt jedoch nicht. Hat die geplante selbständige Tätigkeit nur geringe Erfolgsaussichten, so können die Betroffenen auch als Arbeitnehmer tätig sein. Allerdings gelten sie für die Dauer der Gewährung des Existenzgründungszuschusses gemäß § 7 Abs. 4 SGB IV bezüglich aller Sozialversicherungszweige als selbständig. Die Selbständigkeit nach § 7 Abs. 4 SGB IV hat jedoch für das Arbeitsrecht keine Bedeutung. Wer weisungsgebundene Tätigkeit (usw.) leistet, bleibt auch hier Arbeitnehmer. Für den Arbeitgeber ist der Fall, dass abhängige Arbeit durch eine „Ich-AG" verrichtet wird, besonders günstig. Denn der Arbeitnehmer hat für die Sozialversicherung selbst aufzukommen.

Im Unterschied zum Überbrückungsgeld war die Aufrechterhaltung des sozialen Schutzes der Existenzgründer das Förderziel des Existenzgründungszuschusses. Während der gesamten Förderungsdauer bestand Versicherungspflicht in der gesetzlichen Rentenversicherung (§ 2 Satz 1 Nr. 10 SGB VI). Für die grundsätzliche Rentenversicherung und auch für eine freiwillige zusätzliche Kranken- und Pflegeversicherung wurden für die Existenzgründer vergünstigte Kondition angeboten. Die entsprechenden Beiträge hatten die Betroffenen selbst zu zahlen.

8.3.1 Evaluationsergebnisse der Fördermodelle – Überbrückungsgeld und Ich-AG

In der Hartz-Evaluation[23] schließen die beide Instrumente mit einer guten Bilanz ab. Das Überbrückungsgeld war schon seit langer Zeit erfolgreich, die Ich-AG genoss unter den Hartz-Reformvorschlägen dagegen den schlechtesten Ruf. Erfolge wurden durch sie nicht erwartet.

Auffällig ist, dass die Instrumente durch unterschiedliche Personengruppen genutzt wurden: Das Überbrückungsgeld wurde überdurchschnittlich von Männern in Anspruch genommen. Sie waren dabei überdurchschnittlich gut qualifiziert und gehörten meist der mittleren Altersgruppe an. Die Überbrückungsgeld-Empfänger unterschieden sich dadurch deutlich vom Gesamtdurchschnitt der Arbeitslosen. Sie glichen jedoch in den genannten Merkmalen sehr den nichtgeförderten Selbständigen. Die Ich-AG-Gründer zeigten dagegen ein deutlich geringeres Qualifikationsniveau als die Überbrückungsgeld-Empfänger, das aber immer noch höher als das der Arbeitlosen im Allgemeinen war. Bemerkenswert ist der Frauenanteil von über 48% in diesem Bereich. Insgesamt entsprach die Teilnehmerstruktur der Ich-AG viel eher dem Durchschnitt der Arbeitslosen.

Die Untersuchungen ergaben, dass die Integrationseffekte[24] durch beide Instrumente im Vergleich zu Nicht-Teilnehmern deutlich und nachhaltig positiv bewertet wurden. Die Selbständigenquote lag in den Teilgruppen 28 Monate nach der Gründung bei rd. 66 bis 81%. Etwa 5 bis 16% waren sozialversicherungspflichtig beschäftigt, nur 7 bis 14% waren wieder arbeitslos gemeldet. Die Ergebnisse zur Generierung eines existenzsichernden Einkommens wurden ebenfalls positiv bewertet. Für das Überbrückungsgeld sind

---

[23] Eine institutsübergreifende Studie von DIW, EUV, GfA und IAB. Siehe Caliendo (2007)

[24] Hierzu zählen der Fortbestand der Selbständigkeit sowie die Aufnahme einer sozialversicherungspflichtigen Beschäftigung.

die Befunde bereits gesichert. Die Untersuchungsergebnisse zur Ich-AG sind jedoch unter Vorbehalt zu betrachten, da die Förderung zum Zeitpunkt der Erhebung noch nicht abgeschlossen war und nur ein sehr kurzer Förderungszeitraum beobachtet werden konnte. Dennoch zählen die Forscher die umstrittene Ich-AG zu den erfolgreichsten Ansätzen der Hartz-Reformen.[25]

8.3.2 Auswirkungen der Fördermodelle – Überbrückungsgeld und Ich-AG

Bei dem Zuspruch, den die alten Fördermodelle zurzeit bekommen, haftete ihnen dennoch durchaus ein gewisses Risikopotential an. Dies wird besonders durch die Befragungen von Noll und Wießner deutlich.[26]

So gaben insgesamt 80% der befragten Existenzgründer an, dass ihre Gründungsmotivation in der Beendigung ihrer Arbeitslosigkeit lag. Darin zeigt sich deutlich die Zwangslage der Betroffenen, die den Schritt in die Selbständigkeit aus Verzweiflung oder mangels Beschäftigungsalternativen gewählt haben. Allerdings wird jedoch darauf hingewiesen, dass auch ein großer Teil starke Präferenzen für die Selbstbestimmung und die Zeitsouveränität angaben.

Für die Beendigung der Selbständigkeit konnten bei den Befragungen nur Selbsteinschätzungen der Geförderten eingeholt werden. Mit rd. 70% wurde Auftragsmangel als wichtigster Beendigungsgrund genannt, für rd. 50% waren es Finanzierungsengpässe und insgesamt 41% unterschätzten die Kosten für die soziale Sicherung.

Laut Umfragen im Jahr 2005 hatten rd. 33% der gescheiterten Existenzgründer nach dem Erhalt des Überbrückungsgeldes Schulden. Bei den Ich-AGs sind es rd. 40%, die entsprechende Angaben

---

[25] Caliendo (2007) S. 2
[26] Noll/Wießner (2006) S. 270

machten. Die mit dem Überbrückungsgeld[27] geförderten Gründer waren im Vergleich zu denen, die mit der Ich-AG[28] gefördert wurden, im Durchschnittlich deutlich höher verschuldet.

8.4 Der Gründungszuschuss

In dem Gesetz zur Fortentwicklung der Grundsicherung für Arbeitssuchende vom 20. Juli 2006 legte der Gesetzgeber den Existenzgründungszuschuss und das Überbrückungsgeld zusammen. Aus den beiden Instrumenten geht der Gründungszuschuss (§ 57 SGB III) hervor, der sie zum 1. August 2006 ersetzt. Einen Rechtsanspruch auf die Förderung haben laut den Anspruchsvoraussetzungen in § 57 SGB III nur tatsächlich arbeitslos gemeldete Personen (ALG I). Demnach ist ein direkter Übergang aus einem bestehenden Arbeitsverhältnis nicht mehr möglich. Weiterhin muss der Antragssteller zum Erhalt der Förderung einen Restanspruch auf ALG I von mindestens 90 Tagen vorweisen können. Es kommen für den Gründungszuschuss jetzt nur noch Gründer in Betracht, die sich mit einer hauptberuflichen Tätigkeit selbständig machen wollen. Es wird außerdem eine Tragfähigkeitsbescheinigung über das Geschäftskonzept von einer fachkundigen Stelle eingefordert. Gegenüber dem Fallmanager der BA muss die persönliche und fachliche Eignung dargelegt werden. Bei Zweifeln an der Eignung können die Gründer durch die Fallmanager zur Teilnahme an Vorbereitungskursen verpflichtet werden. Die Dauer und Höhe der Förderung ist in § 58 SGB III geregelt. Die maximale Förderungsdauer umfasst 15 Monate in zwei Förderphasen:[29] In der ersten, neun Monate langen Phase hat der Gründer bei Erfüllung der Voraussetzungen einen Rechtsanspruch auf einen monatlichen Zuschuss in Höhe des individuellen Arbeitslosengeldes. Hinzu kommt eine 300-Euro-hohe Pauschale zur Finanzierung der Sozialversicherungsbeiträge. Die zweite, sechsmonatige Phase ist eine Ermessensleistung, die gesondert beantragt werden muss. Sie umfasst lediglich die Zahlungen der 300-

---

[27] ÜG-Schuldenhöhe: 16% mit 1.000 bis unter 2.500 €, 24% mit 2.500 bis unter 5.000 €, 22% mit 5.000 bis unter 10.000 €, 27% mit 10.000 bis unter 50.000 €, 4% mit 50.000€ und höher verschuldet.

[28] Ich-AG-Schuldenhöhe: 22% mit 1.000 bis unter 2.500 €, 29% mit 2.500 bis unter 5.000 €, 16% mit 5.000 € bis unter 10.000 €, 12% 10.000 bis unter 50.000 €, 2% mit 50.000 und höher verschuldet.

[29] D.h. der Gründungszuschuss wird auch z.T. als Zwei-Phasen-Modell bezeichnet.

Euro-hohen Pauschale, wobei der Zuschuss in Höhe des Arbeitslosengeldes entfällt. Damit dienen die Zahlungen des Gründungszuschusses lediglich zur Deckung des Lebensunterhaltes sowie der Sozialversicherungsbeiträge, in der zweiten Phase nur noch letzteres, und nicht einer Finanzierung der Geschäftsidee.

Monitor Arbeitsmarktpolitik zeigt auf, dass sich die soziale Sicherung des Gründungszuschusses im Wesentlichen am Überbrückungsgeld orientiert.[30] Es besteht für die Betroffenen keine Versicherungspflicht in der gesetzlichen Kranken- und Pflegeversicherung.

Laut der BA besteht seit dem 1. Februar 2006 für die Bezieher des Gründungszuschusses die Möglichkeit, sich in der Arbeitslosenversicherung freiwillig weiter zu versichern. Für die Betroffenen besteht keine automatische Rentenversicherungspflicht. Allerdings kann in Abhängigkeit von der Art der ausgeübten Tätigkeit eine Rentenversicherungspflicht ausgehen. Dies ist z.B. bei Lehrern, Erziehern und Selbständigen mit nur einem Auftraggeber der Fall.[31]

8.5 Bewertung

Zunächst sollen die Erfahrungen ausgewertet werden, die mit den Fördermodellen der Ich-AG und dem Überbrückungsgeld gesammelt wurden. Aus den Resultaten wird ein Ausblick für den kürzlich eingeführten Gründungszuschuss entwickelt. Abschließend beschäftigt sich dieses Kapitels mit den Auswirkungen der subventionierten Selbständigkeit.

Nach den Ergebnissen der Hartz-Evaluation ist festzuhalten, dass das Überbrückungsgeld und auch die mit geringen Erwartungen besetzte Ich-AG als Erfolg gewertet werden. Nach Caliendo et al. zählt die Ich-AG zu den erfolgreichsten Ansätzen der Hartz-Reformen.[32] Ihr Erfolgskriterium war der Fortbestand der Selbständigkeit oder die Aufnahme einer sozialversicherungspflichtigen Beschäftigung. Die erwarteten Substitutionsbeziehungen sind jedoch

---

[30] Monitor Arbeitsmarktpolitik (2006) S. 1
[31] BA (2006) S. 10 ff.
[32] Caliendo et al. (2007) S. 6

nicht eingetreten. Die Experten der Evaluationsgruppe halten das gleichzeitige Angebot der beiden Instrumente für viel versprechend, da durch sie zwei unterschiedliche Personengruppen angesprochen wurden. Auch die Verdienstmöglichkeiten für die subventionierten Selbständigen wurden durchaus positiv bewertet.

Die Angaben zu den Beendigungsgründen der Förderung deuten darauf hin, dass gerade unter den Ich-AG'lern deutliche Informationsdefizite bestanden. Über 50% gaben an, die Kosten für die soziale Absicherung unterschätzt zu haben. Es bleibt also zu hoffen, dass diese Informationslücken bei der Umsetzung des Gründungszuschusses geschlossen werden.

Laut Monapoli ist der Gründungszuschuss stark am lange positiv bewerteten Überbrückungsgeld orientiert.[33] Es ist also auch denkbar, dass der Gründungszuschuss in der Teilnehmerstruktur Ähnlichkeiten mit dem Überbrückungsgeld aufweisen wird. Im Zwischenbericht der Evaluation der Existenzgründungen zeigte sich für Überbrückungsgeldempfänger eine Tendenz zu höher qualifizierten Tätigkeiten mit besserem Einkommen. Das Instrument hatte also weniger als die Ich-AG den durchschnittlich gebildeten Arbeitslosen erreicht.

Auch wenn die Untersuchungen zur Erlangung eines existenzsichernden Einkommens tendenziell positiv ausfielen, machen Noll und Wießner auf die Risiken aufmerksam, die diejenigen trafen, denen keine Integration in den Arbeitsmarkt gelang. Ein Drittel der gescheiterten Existenzgründer beendete die Fördermaßnahmen mit verbleibenden Schulden.[34]

Möglicherweise hat der Gründungszuschuss mit der neuen Zugangsvoraussetzung der persönlichen und fachlichen Eignung der Schulden- und Abbrecherproblematik etwas entgegenzusetzen. Auch die neue Einschränkung der Förderung auf hauptberufliche

---

[33] Monapoli (2006) S. 1
[34] Noll/Wießner (2006) S. 270 - 278

Selbständigkeit kann u.U. nützlich sein, um die Risikowahrscheinlichkeit zu minimieren.

Für alle Formen der subventionierten Selbständigkeit und besonders für die Ich-AG ist festzuhalten, dass sie für eine aktive und aktivierende Arbeitsmarktpolitik stehen. Es zeichnete sich ein Paradigmenwechsel in der Beschäftigungsförderung ab, der zu einer Individualisierung von Sozialrisiken führt, die im Leitsatz „Fördern und Fordern" ihren Ausdruck fand.[35] Es ist deutlich zu erkennen, dass man sich nicht mehr am Normalarbeitsverhältnis orientiert. In der Arbeitsmarkpolitik hat somit das Normalarbeitsverhältnis an seiner normativen Kraft verloren.

Stattdessen wird mit der subventionierten Selbständigkeit der Weg der sog. Deregulierung gegangen. Aus der Sicht der jüngsten Ergebnisse der Hartz-Evaluation tat man dies ebenfalls mit Erfolg. Bedenklich sind dabei jedoch die Risiken, die das Instrument der subventionierten Selbständigkeit mit sich bringt. Die Umwandlung von Arbeitslosen zu Unternehmern geht auch in Fällen der geglückten Existenzgründung mit den üblichen Gefahren der Selbständigkeit einher.

So werden die Erfolge der Betroffenen in ihrer Erwerbsbiografie trotz der neuen Regelungen des Gründungszuschusses grundsätzlich und in direkter Weise vom wirtschaftlichen Markt bestimmt werden.[36]

Es ist davon auszugehen, dass die Umfrageergebnisse zur Gründungsmotivation sicher für alle Instrumente (auch für den Gründungszuschuss) der subventionierten Selbständigkeit repräsentativ sind. Ein Großteil der geförderten Existenzgründer agiert somit aus der Zwangslage heraus, die eigene Arbeitslosigkeit nur mit diesen Förderinstrumenten bekämpfen zu können. Die Förderung der BA besteht letztendlich darin, dass sie Arbeitslose zu Unternehmern macht, die ihr Schicksal selbst in die Hand und die Risi-

---

[35] Noll/Wießner (2006) S. 271
[36] Als Hauptgründe des Scheiterns ihrer Existenzgründung gaben die Befragten wirtschaftliche Gründe an (s.o.).

ken der Marktentwicklung zu Gunsten der Arbeitgeber auf die eigenen schmalen Schultern nehmen. Der Weg in die Selbständigkeit kann sich dabei als „Brücke", aber auch als existenzvernichtende „Falle" erweisen.

9. Arbeitnehmerüberlassung

Die Leiharbeit[37] ist ein klassisches Modell der atypischen Erwerbsformen. Sie hat in der Öffentlichkeit (noch) ein ausgesprochen schlechtes Ansehen, welches mit äußerst prekären Bedingungen in Verbindung gebracht wird. Seit dem Boom der Leiharbeitsbranche wird seitens der Leiharbeitsunternehmer zunehmend versucht, diese Erwerbsform als wirksames und etabliertes Mittel gegen Arbeitslosigkeit darzustellen.[38] Den Anstoß hierzu haben die Hartz-Reformen gegeben.

9.1 Verbreitung und Strukturmerkmale der gewerbsmäßigen Arbeitnehmerüberlassung

Bei der Leiharbeit handelt es sich um ein sehr schmales Beschäftigungssegment. 2005 waren rd. 453.000 Personen als Leiharbeiter beschäftigt. Ihr Anteil an der Bevölkerung im erwerbstätigen Alter lag bei rd. 0,8%.[39] Allerdings handelt es sich um einen Bereich der nichtstandarisierten Beschäftigung, welcher rasante Wachstumsraten vorzuweisen hat. Nach Angaben der BA entwickelte sich die Zahl der gewerbsmäßig verliehenen Leiharbeiter von 2001 mit rd. 357.264 über die Jahre 2003 mit rd. 327.331 und 2005 mit rd. 453.389 auf rd. 598.284 im Jahr 2006. Aufgrund der Meldungen der Zeitarbeitsverbände ist weiterhin von einem ungebremsten Anstieg dieser Zahlen auszugehen.

Mit einer Frauenquote von 24,9% im Jahr 2006 ist ihre Beteiligung an der Leiharbeit wesentlich geringer als die der Männer, obwohl auch bei den Frauen seit 1998 (rd. 19,9%) ein leichter Zuwachs zu verzeichnen ist.[40]

In Deutschland ist die Leiharbeit besonders in den Branchen des verarbeitenden Gewerbes zu finden. Inzwischen wachsen jedoch auch die Anteile im Dienstleistungssektor, beispielsweise in

---

[37] Die Begriffe Arbeitnehmerüberlassung, Zeitarbeit und Leiharbeit werden in der Literatur, wie auch im vorliegenden Text, synonym verwendet.
[38] Siehe Kapitel „Vermittlungsorientierte Arbeitnehmerüberlassung"
[39] Oschmiansky (2007) S. 5; Siehe *Abb. 1*
[40] BA (2007) S. 115 f., 131

Callcentern, deutlich an. Typischerweise verrichten Leiharbeiter Hilfstätigkeiten in der Industrie und zunehmend Tätigkeiten mit geringen Qualifikationsanforderungen im Dienstleistungsbereich. Gemessen an allen Leiharbeiten hat das Facharbeitersegment mit rd. 35% einen Minderheitenstatus. Akademiker machen lediglich rd. 1% aus. Die Qualifikationsanforderungen an Leiharbeiter sollen jedoch zukünftig steigen.[41]

9.2 Prinzipen und Varianten der Arbeitnehmerüberlassung

Der atypische Charakter der Arbeitnehmerüberlassung ist durch den Sachverhalt gekennzeichnet, dass ein Arbeitgeber *(Verleiher)* Arbeitnehmer einstellt[42] und diese Dritten *(Entleiher)* überlässt. Die Arbeitgeberrechte liegen bei dem *Verleiher*, während der *Entleiher* eine partielle Arbeitgeberstellung erwirbt. Somit liegt das Direktionsrecht[43] beim *Entleiher* und die üblichen Arbeitgeberpflichten wie die Entlohnungs- und Sozialversicherungspflichten bleiben weiterhin beim Verleiher. Zwischen *Leiharbeitnehmer* und *Entleiher* besteht allerdings kein Arbeitsvertrag.

Die Leiharbeit existiert in verschiedenen Erscheinungsformen. Üblich sind die gewerbsmäßige und die vermittlungsorientierte Arbeitnehmerüberlassung. Die *gewerbsmäßige Arbeitnehmerüberlassung* ist durch eine regelmäßige, geplante und gewerbsmäßige Vermietung des Arbeitnehmers z.B. durch Leiharbeitsfirmen gekennzeichnet. In dieser Art der Arbeitnehmerüberlassung gibt es auch vereinzelt sog. „Netzwerkbetriebe", die so etwas wie Mischformen darstellen. Auf sie kann hier jedoch nicht weiter eingegangen werden. Die *vermittlungsorientierte Arbeitnehmehrüberlassung* der Personal-Service-Agenturen (PSA) ist die jüngste Erscheinungsform der Leiharbeit und wird im Auftrag der Bundesagentur für Arbeit zur Bekämpfung der Arbeitslosigkeit durchgeführt. Diese Form wird jedoch erst im nächsten Kapitel behandelt.

---

[41] BöcklerImpuls (2006b) S. 1
[42] Arbeitnehmerüberlassungsvertrag (§ 12 AÜG)
[43] Weisungsberechtigt bzgl. Arbeitszeit, Arbeitsort und auszuführender Arbeitsleistung.

9.3 Rechtliche Rahmenbedingung der gewerbsmäßigen Arbeitnehmerüberlassung

Der rechtlichen Rahmen wird durch das Gesetz zur Regelung der gewerbsmäßigen Arbeitnehmerüberlassung (AÜG) gebildet. Es regelt und definiert die wesentlichen Belange der Leiharbeit und verschafft Unternehmen die Möglichkeit, Arbeitnehmer von Verleihunternehmen zu beschäftigen. Verleiher dürfen nur mit einer Erlaubnis der BA tätig werden (§ 1 Abs. 1 AÜG). Die daran geknüpften Auflagen und Beschränkungen (§ 3 AÜG Versagung der Erlaubnis) dienen dem Schutz der Leiharbeitnehmer, da sie in dieser atypischen Dreieckskonstellation eine strukturell weit unterlegene Position einnehmen. Die BA übernimmt aus diesen Gründen nach § 17 AÜG die Überwachung der Arbeitnehmerüberlassung. Das ursprüngliche Ziel des AÜG war es, die Beschäftigungsstabilität der Arbeitnehmer innerhalb der Zeitarbeitsfirmen zu erhöhen. Seit dem Inkrafttreten am 12.10.1972 ist das AÜG mehrfach geändert worden. Die wohl grundlegerste Änderung wurde durch das Erste Gesetzt für moderne Dienstleistung am Arbeitsmarkt von 23.12.2002 vollzogen. Dies geschah nicht nur mit der Einrichtung der Personal-Service-Agenturen, sondern betraf auch die gewerbliche Arbeitnehmerüberlassung. Das Leitbild der Leiharbeit wurde verändert, indem dieser Erwerbsform eine soziale Brückenfunktion zugestanden wurde, die Arbeitslosen einen Einstieg in den Arbeitsmarkt verschaffen sollte. Dies fand seinen Niederschlag in der Abschaffung von Schutzbestimmungen, wie dem Synchronisations-, Befristungs-, Wiedereinstellungsverbot und der Anhebung der Höchstüberlassungsdauer auf zwei Jahre. Sonderregelungen zu Befristungen sind im AÜG nicht mehr enthalten. Es gelten lediglich die Regelungen des TzBfG. Dadurch ist eine Befristung unter den dort genannten Bedingungen erlaubt. Dabei ist allerdings zu beachten, dass die Sachgründe (siehe Kapitel 12.2) für die Befristung im Verhältnis zwischen Verleiher und Leiharbeitnehmer vorliegen müssen. Die wichtigste Neuerung ist die Aufnahme des Gleichbehandlungsgebotes[44] in das AÜG (§ 3 Abs. 1. Nr. 3. Satz 1; § 9 Nr. 2; § 10 Abs. 4). Den überlassenen Arbeitnehmern sind die wesentlichen Arbeitsbedingungen in gleicher Weise zu gewähren, wie sie auch für „vergleich-

---

[44] An die Prinzipien „Equal pay" und „Equal treatment" aus dem Angelsächsischen angelehnt. Es werden z.T. auch im Deutschen die englischen Begriffe benutzt.

bare" Stammarbeitnehmer gelten. Dies trifft auch auf die Höhe des Entgeltes zu. Beim Prinzip der Lohngleichheit gibt es zwei Ausnahmen. Zum einen braucht einem zuvor Arbeitslosen in den ersten sechs Wochen der Beschäftigung durch einen neuen Verleiher nur eine Nettovergütung in der Höhe seines bisherigen Arbeitslosengeldes gezahlt werden. Zum Zweiten können prinzipiell vom tarifvertraglich abweichende Regelungen vereinbart werden. Auch wenn zwischen Entleiher und Leiharbeitnehmer kein Arbeitsvertrag besteht, gelten die Arbeitsschutzregelungen auch für Leiharbeiter. Laut § 7 S. 2 BetrVG besteht für Leiharbeitnehmer erst ein aktives Wahlrecht bei den Betriebsratswahlen, wenn sie länger als drei Monate im Entleihbetrieb tätig sind.

9.4 Sozialversicherung

Leiharbeitnehmer sind in allen Sozialversicherungszweigen versicherungspflichtig und können bei vorliegenden Voraussetzungen alle Leistungen in Anspruch nehmen. Der Verleiher ist als Arbeitgeber des Leiharbeiters nach den allgemeinen Grundsätzen verpflichtet, den Gesamtsozialversicherungsbeitrag[45] abzuführen. Allerdings haftet der Entleiher gemäß § 28e Abs. 2 SGB IV subsidiär für rückständige Unfall- und Sozialversicherungsbeiträge wie ein selbstschuldnerischer Bürge.

9.5 Fluktuation und Auswirkungen auf die Beschäftigungsmobilität

Laut der Verweildaueranalyse von Antoni und Jahn ist die Beschäftigungsdauer in der Leiharbeitsbranche breit gestreut, sie variiert von nur wenigen Tagen bis hin zu mehreren Jahren. Es dominieren jedoch kurze Arbeitseinsätze in der Branche. Für 2003 wurde festgestellt, dass rd. 65% der Betroffenen nach einem Monat noch bei demselben Arbeitgeber beschäftigt waren. Die Zahl sank nach drei Monaten auf 40%, nach sechs Monaten auf 25% und nur 13% waren ein Jahr oder länger ununterbrochen bei demselben Arbeitgeber tätig.

Die Verweildauer lag 2003 im Durchschnitt bei 4,7 Monaten. Interessanterweise lagen die Zahlen zwischen den Jahren 1980 und

---

[45] Bestehend aus Kranken-, Renten-, Arbeitslosen- und Pflegeversicherung (§ 28 d SGB IV)

1984 mit durchschnittlich 2 Monaten bei ähnlichen Werten, obwohl die heute abgeschafften Befristungs-, Synchronisations- und Wiedereinstellungsverbote noch bestanden. In derselben Untersuchung wurde gezeigt, dass die kurzen Überlassungshöchstdauern die erwünschte Beschäftigungsstabilität sogar eher verhindern. Von 1985 bis 1996 stieg die Beschäftigungsdauer kontinuierlich, bei mehrfach erhöhten Überlassungshöchstdauern.[46] Was in dieser deskriptiven Untersuchung jedoch unerwähnt bleibt, sind die Einzelschicksale der sog. statistischen Ausreißer.

Nach Ergebnissen des IAB-Betriebspanels 2003 wird jedes dritte Leiharbeitsverhältnis durch eine Arbeitgeberkündigung beendet. In der Gesamtwirtschaft trifft das nur auf jedes siebte Arbeitsverhältnis zu.[47] Somit ist das Risiko, entlassen zu werden, in der Verleihbrache deutlich höher als in der regulären Beschäftigung.

Untersuchungen zu Veränderungen des Beschäftigungsstatus von Leiharbeitern[48] zeigten bemerkenswerterweise, dass der Anteil der Leiharbeiter, die zuvor bereits bei einem Verleiher tätig waren, sprunghaft gestiegen ist. Er ist 2002 auf rd. 21,9% und 2003 auf rd. 25,5% angestiegen. Zwischen 1997 und 2001 lag er noch bei nur 17,3%. Es scheint, als ob die Leiharbeitsbranche ihre neuen Spielräume aus der Abschaffung von Synchronisations- und Wiedereinstellungsverbote zu nutzen weiß und entsprechend der Anteil der Kettenarbeitsverträge zugenommen hat.

Die Zahl der zuvor arbeitslosen Leiharbeiter ist 2003 erheblich angestiegen. Außerdem ist ein Rückgang der Leiharbeitnehmer zu erkennen, die vorher einer anderen sozialversicherungspflichtigen Beschäftigung nachgingen. Ihr Anteil lag 2003 bei rd. 13,5%. Weil zuvor immer mehr Leiharbeitnehmer arbeitslos waren, stieg auch der Anteil derjenigen, die nach der Leiharbeitsphase wieder in die Arbeitslosigkeit entlassen wurden.

---

[46] Antoni/Jahn (2006) S. 5
[47] Promberger (2006) S. 266
[48] Antoni/Jahn (2006) S. 4 f.

Allerdings wurde auch festgestellt, dass weniger Leiharbeiter in die Arbeitslosigkeit entlassen wurden (rd. 33,8%), als aus der Arbeitslosigkeit gekommen waren (rd. 43%).

Es bleiben also Arbeitslose in der Leiharbeit oder einem regulären Arbeitsverhältnis haften, da auch der Anteil der Nichterwerbstätigen gesunken ist. Den Daten lässt sich jedoch nicht entnehmen, ob dieser sog. „Klebeeffekt" wirklich eingetreten ist oder ob dies einfach nur konjunkturelle Gründe hat.

9.6 Bewertung

Die Expansion der Leiharbeit erscheint aufgrund der noch geringen Verbreitung dieser Erwerbsform von relativ geringer Bedeutung. Die hohe Fluktuation in dieser Branche muss jedoch beachtet werden. Im Jahr 2005 waren zwar durchschnittlich rd. 453.000 Personen in der Leiharbeit beschäftigt, aber gleichzeitig wurden 738.000 neue Leiharbeitsverhältnisse geschlossen und 724.000 beendet. Es ist also von einer viel größeren Bertoffenengruppe und Relevanz auszugehen, als zunächst vermutet.

Die Annahme, dass die letzte Reform die massiven Ausbreitungstendenzen der Leiharbeit forciert hat, liegt auf der Hand. Die Deregulierungen und die modifizierte Zielsetzung des AÜG haben maßgeblich zu einer Etablierung und Aufwertung der Leiharbeit beigetragen.

Die äußerst geringen Verweildauern in der Leiharbeitsbranche zeugen von einer sehr geringen Beschäftigungsstabilität der Arbeitsplätze. Die ehemals kurzen Überlassungshöchstdauern schienen die statistisch erfassten Verweildauern eher negativ beeinflusst zu haben. Allerdings ist zu beachten, dass ihre Abschaffung für einzelne Betroffene erhebliche Folgen im Hinblick auf ein dauerhaftes Verweilen in der Leiharbeit haben kann.

Das aufgehobene Befristungsverbot, die geringen Verweildauern und das erheblich höhere Risiko, entlassen zu werden, zeugen von der massiven Instabilität dieser Erwerbsform. Mit der Aufhebung des Befristungsverbotes entstehen für Leiharbeiter neben den hier beschriebenen Nachteilen zusätzlich auch die prekären Potentiale der Befristung (siehe Kapitel 12.7).

Die Branche zeigt damit einen starken Hang zum „hire and fire", und auch die Betroffenen scheinen der Leiharbeit schnell wieder entkommen zu wollen. Die Beschäftigung in der Leiharbeit bleibt meist nur ein kurzer Abschnitt in der gesamten Erwerbsbiografie.

Allerdings scheint dies für einen wachsenden Teil der Bevölkerung so nicht mehr zuzutreffen. Die Abschaffung des Synchronisations- und Wiedereinstellungsverbotes haben vermutlich die Zahl der Betroffenen, welche in der Leiharbeit verbleiben, steigen lassen. Damit haben wohl auch die Kettenarbeitsverträge zugenommen, welche für die Betroffenen ein erhebliches und zunehmendes Maß an prekären Potentialen über längere Zeiträume hinweg bedeuten.

Das hohe Maß an Flexibilität gewinnt die Leiharbeit durch die charakteristische Dreieckskonstellation. Was hier zum besonderen Vorteil der entleihenden Unternehmen wird, lässt für die Beschäftigten Risiken entstehen. Durch die Zersplitterung der Zuständigkeiten entstehen Rechtsunsicherheiten und eine schwächere soziale Einbindung in das betriebliche Gefüge. Letzteres drückt sich laut Promberger besonders in dem mangelnden Zuständigkeitsgefühl der allermeisten Betriebsräte für die Leiharbeitnehmerschaft in arbeitspolitischen Fragen aus. Auch soll sich nur eine Minderheit von Betriebsräten als Ansprechpartner für Übergangsmöglichkeiten der Leiharbeiter sehen.[49] Bezüglich der betrieblichen Mitbestimmung weist die Leiharbeit ebenfalls erhebliche Defizite auf. Leiharbeiter sind zwar grundsätzlich in ihrem Entleihbetrieb wahlberechtigt. Jedoch kommt diese Wahlberechtigung nur selten zum Tragen, da die meisten der Betroffenen die benötigte Einsatzdauer von mindestens drei Monaten nicht erreichen. Die Mitbestimmung nach dem BetrVG gilt auch für Beschäftigte im Verleihbetrieb. Doch kommt es in der Verleihbranche laut Promberger weitaus seltener zu Betriebsratswahlen als in der übrigen Wirtschaft. So waren in Unter-

---

[49] Promberger (2006) S. 266

suchungen der Universität Erlangen keine kommerziellen Verleih-
betriebe mit Betriebsräten zu finden, außer bei den Branchenrie-
sen.[50]

Eine Gleichstellung der Leiharbeiter mit der Stammbelegschaft
ist faktisch nicht vorhanden. Ein „equal treatment" wird in der Praxis durch das AÜG nicht gewährt. Anhand von Brachen-
tarifverträgen haben sich laut Antoni und Jahn die meisten Leiharbeitsfirmen bis Mitte 2003 von dieser Pflicht entbunden.[51] Promberger geht sogar davon aus, dass inzwischen nahezu alle Verleihbe-
triebe diese Handhabung verfolgen. Daraus resultiert eine flächendeckende Standardisierung des Arbeitsentgelts und anderen Arbeitsbedingungen im gesamten Verleihsektor. Fatalerweise ist das
Endergebnis eine flächendeckende „Zementierung" der relativen
Schlechterstellung von Leiharbeitern.[52]

Die reguläre Entlohnung von Leiharbeitern lag im Sommer
2004 im Helferbereich um mindestens 3 Euro und im Facharbeiter-
bereich um mindesten 2 Euro unter den Referenzlöhnen des verarbeitenden Gewerbes. Inzwischen unterschreiten die Einstiegsgehäl-
ter in den untersten Lohngruppen den Schwellenwert der Lohnarmut. Mit einem Stundenlohn von 5,60 Euro bzw. einem monatlichen
Brutto-Entgelt von 850 Euro, wie es der Tarifvertrag zwischen
Christlichem Gewerkschaftsbund und der Mittelständischen Verei-
nigung der Zeitarbeitsfirmen für Ostdeutschland vorsieht, ist eine
Existenzsicherung nicht möglich. Promberger macht auf die Vorge-
hensweisen aufmerksam, mit denen die Tarifabkommenunterlaufen
werden. Kündigungen mit Ablauf der Probezeit und spätere Wie-
dereinstellungen wurden genutzt, um bei den niedrigeren Einstiegs-
löhnen bleiben zu können. Über das Ausmaß der Verbreitung dieser
Praxis existieren leider keine Daten.

Zusammen genommen wirken diese Defizite der Arbeitnehmerüberlassung sich auch negativ auf die Ansprüche an die Sozial-

---

[50] ebenda.
[51] Antoni/Jahn (2006) S. 4 f.
[52] Promberger (2006) S. 267

versicherungen aus. Durch Instabilität, geringere Entlohnung und Phasen der Arbeitslosigkeit reduzieren sich die Ansprüche in der Rentenversicherung. Und auch die Anwartschaften auf betriebliche Alterssicherungen werden wohl kaum erreicht.

Um ein abschließendes Fazit zu ziehen, ist die Leiharbeit für die Betroffenen als ein hoch prekäres Beschäftigungsmodell einzustufen. Dies trifft gleich in mehrerer Hinsicht zu. Materielle Prekarität ist aufgrund von Instabilität und der niedrigen Entlohnung der Erwerbsverhältnisse gegeben. Die rechtliche Prekarität spiegelt sich in Rechtsunsicherheit, Defiziten in der betrieblichen Mitbestimmung, der mangelnden Unterstützung durch Betriebsräte und die Anwendung halblegaler Praxen einer unbestimmten Anzahl der Verleihunternehmen wider. Das betriebliche Prekaritätspotential ergibt sich aus den zuletzt genannten Punkten und der schon erwähnten Instabilität der Erwerbsverhältnisse.

Den Betroffenen wird in dieser Erwerbsform eine überaus hohe Flexibilität abverlangt. Sie haben sich voll den Bedürfnissen ihrer Entleiher anzupassen. Das bedeutet, dass sie sich immer wieder bereithalten müssen, um den Wechsel der Betriebe, des Einsatzortes, der Arbeitszeiten und der Art der abverlangten Tätigkeiten hinzunehmen.

Der steigende Anteil der zuvor Arbeitslosen in der Leiharbeit und in regulären Beschäftigungsverhältnissen lässt die Leiharbeit für viele in einem besseren Licht erscheinen. Hinzu kommt, dass beispielsweise Randstad mit „Klebeeffekten" von 30 bis 90% wirbt. Ob diese Versprechen eingelöst werden können, ist allerdings fraglich. Sicher ist jedoch, dass der Weg über die Leiharbeit in die reguläre Beschäftigung mit erheblichen Risiken gesäumt ist.

Umso erstaunlicher wirkt der Vorstoß der rot-grünen Bundesregierung und die letztendliche Umsetzung des Hartz-Konzeptes. Denn dabei wird die gezielte Nutzung der Arbeitnehmerüberlassung zur Integration von Arbeitslosen vorgeschlagen. Diesem Thema widmet sich das folgende Kapitel, wobei die hier entwickelten Aspekte ebenso zum Tragen kommen.

10. Vermittlungsorientierte Arbeitnehmerüberlassung

Die vermittlungsorientierte Arbeitnehmerüberlassung ist ein Instrument der Hartz-Kommission zur Bekämpfung der Massenarbeitslosigkeit. Die rot-grüne Bundesregierung führte dieses Instrument mit dem Inkrafttreten des ersten Gesetzes für moderne Dienstleistungen am Arbeitsmarkt zum April 2003 ein. Das Instrument orientiert sich vornehmlich an der gewerbsmäßigen Arbeitnehmerüberlassung. Für die Betroffenen gelten somit ähnliche Bedingungen, wie sie oben beschrieben wurden.

10.1 Verbreitung und Strukturmerkmale der vermittlungsorientierten Arbeitnehmerüberlassung

Seit der Einrichtung der Personal-Service-Agenturen (PSA)[53] im April 2003 sind 2006 insgesamt rd. 16.700 Arbeitnehmer in diese Agenturen eingetreten. Im Jahresdurchschnitt waren 2006 8.300 Personen in PSA beschäftigt, im Jahr 2005 dagegen noch 16.900 Personen. Dies entspricht einer Abnahme von 51% oder 8.600 Personen. Der Schwerpunkt des Instrumentes liegt mit 5.600 Arbeitnehmern im Westen Deutschlands. Der Rückgang bei den Eintritten ist im Osten um rd. 3.500 bzw. 41% ähnlich stark ausgefallen wie im Westen, wo er rd. 8.200 bzw. 41 % betrug.[54]

10.2 Prinzip der vermittlungsorientierten Arbeitnehmerüberlassung

Mit der vermittlungsorientierten Arbeitnehmehrüberlassung versuchte die Hartz-Kommission den von ihr entdeckten „Klebeeffekt", welcher aus der gewerbsmäßigen Arbeitnehmerüberlassung bekannt war, zur Bekämpfung der Arbeitslosigkeit einzusetzen. Laut Düwell schätzte der „Bundesverband Zeitarbeit Personal-Dienstleistungen e.V." das Vorkommen dieses Effektes auf jeden dritten Überlassungsfall.[55] Das Instrument soll eine Brückenfunktion in „normale" Arbeitsverhältnisse erfüllen. Die Aufgabe der gezielten Verleihung von Arbeitslosen sollte durch spezielle Agenturen,

---

[53] Dies sind auf die Vermittlung von Arbeitslosen spezialisierte Verleihunternehmen (siehe unten).
[54] BA (2007) S. 139
[55] Düwell/Weyand (2005) S. 64

die Personal-Service-Agenturen, ausgeführt werden. Sie wurden an die Arbeitsämter angegliedert oder vertraglich gebunden. Den Erwartungen nach sollte durch die Anwendung dieses Instrumentes die Zahl der Arbeitslosen in den ersten fünf Jahren um mindestens 250.000 und längerfristig um 780.000 Personen sinken.

10.3 Rechtliche Rahmenbedingung der vermittlungsorientierten Arbeitnehmerüberlassung

Durch das erste und dritte Gesetz für moderne Dienstleistungen am Arbeitsmarkt vom 23.12.2002 und vom 23.12.2003 wurde das AÜG in grundlegenden Bereichen geändert. Zum Ziel des ersten Gesetzes für moderne Dienstleistungen am Arbeitsmarkt vom 23.12.2002 gehörte u.a. der Abbau von bürokratischen Hemmnissen der gesetzlichen Regelungen der Arbeitnehmerüberlassung. Genau so sollte auch das Instrument der vermittlungsorientierten Arbeitnehmerüberlassung eingeführt werden.

Mit der PSA wurde ein Instrument geschaffen, das die Einbeziehung Dritter in die Vermittlungsaufgaben der BA möglich machte. Bei diesen Einrichtungen handelt es sich nicht um gewöhnliche gewerbsmäßige Verleiher. Sie sind nämlich von der BA beauftragt und vertraglich eingebunden. Es sind jedoch eigenständige Organisationen. Sie können in privater oder in gemeinsamer Trägerschaft mit der BA zustande kommen. Wenn auf diese Weise keine PSA zustande kommt, ist es möglich, dass sie von der BA gebildet werden. PSA sind oft an gewerbsmäßige Verleihagenturen angeschlossen und nur organisatorisch von ihnen getrennt. Die Einrichtung von PSA erfolgt ausschließlich durch öffentliche Auftragsvergabe. Zum 1. Januar 2003 bekam die BA die Aufgabe zugewiesen, flächendeckend für die Einrichtung der PSA zu sorgen (§ 37c Abs. 3-5 SGB III -alt-). Am 1. Januar 2006 entfiel diese Verpflichtung und es steht den Agenturen nun frei, dieses Instrument zu nutzen. Die gesetzliche Aufgabe der PSA ist es, Arbeitnehmerüberlassungen mit dem Ziel der Vermittlung in reguläre Beschäftigungsverhältnisse zu erreichen. Außerdem sind sie in der verleihfreien Zeit zur Weiterqualifizierung und Weiterbildung der Beschäftigten verpflichtet (§ 37c Abs. 1 SGB III). Die Vermittlungserfolge werden den PSA pauschaliert vergütet gemäß § 37c Abs. 2 SGB III. Die von den Jobcentern vorgeschlagenen Arbeitslosen werden von den PSA in sozialversicherungspflichtige Leiharbeitsverhältnisse eingestellt. Die Arbeits- und Vertragsbedingungen richten sich nach §§ 9-12 AÜG, den anwendbaren Tarifverträgen und Betriebsvereinbarungen. Die Aufnahme einer Beschäftigung in der PSA ist gemäß der Regelungen der neuen Zumutbarkeit für Arbeitslose verpflichtend (§ 121 SGB III). Eine Ablehnung des Beschäftigungsangebotes geht mit Sperrfristen für den Bezug des Arbeitslosenentgeltes nach 144 Abs. 1 Nr. 2 SGB III einher. Das Arbeitsentgelt und die sonstigen Arbeitsbedingungen müssen sich nach einem Tarifvertrag für Arbeitnehmerüberlassung richten, der auf die jeweiligen Leiharbeitsverhältnisse während der Zeit der Überlassung Anwendung findet. Für die PSA-Beschäftigten gilt dasselbe Gleichbehandlungsgebot wie für die übliche Leiharbeit. Eine Ausnahme besteht jedoch in den ersten sechs Wochen der Überlassung. Wenn es der geltende Tarifvertrag zulässt, kann in diesem Zeitraum mit einem Nettolohn, der die Höhe des Arbeitslosengeldes nicht unterschreiten darf, von den üblichen Bedingungen abgewichen werden. Diese Ausnahme darf sich zwischen einem Leiharbeitnehmer und demselben Verleiher, also bei wiederholter Anstellung, nicht wiederholen.

10.4 Bewertung

Die erwarteten Vermittlungserfolge der PSA blieben aus. Die anvisierten Vermittlungen im Bereich von mehreren Hunderttausend Personen traten nicht ein. Dies ist schon aufgrund der geringen Teilnehmerzahl nicht möglich gewesen (s.o.). Im Vergleich soll der Klebeeffekt der vermittlungsorientierten Arbeitnehmerüberlassung immerhin höher ausfallen als bei der gewerbsmäßigen Variante. Bis September 2003 sind von den insgesamt 3.150 Personen, welche aus den PSA ausgetreten sind, 1.487 in eine sozialversicherungspflichtige Beschäftigung vermittelt worden. Die Integrationsrate liegt damit bei rd. 47% und übersteigt den Durchschnitt, der bei rd. 30% liegt. Die zurückhaltende Veröffentlichung von Zahlen deutet Düwell als „betretenes Schweigen", da wohl keine weiteren Erfolge abzusehen sind.[56]

Für einen zuvor Arbeitslosen, der von einer PSA eingestellt wird, unterscheidet diese sich kaum von einem gewerbsmäßigen

---

[56] Düwell/Weyand (2005) S. 68

Verleihunternehmen. Der einzige Vorteil für die Betroffenen besteht darin, dass sie in der verleihfreien Zeit im Auftrag der BA weiterzuqualifizieren sind. Die in einer PSA Beschäftigten treffen allerdings erhebliche Nachteile. Die Arbeitsverträge sind stets befristet und bergen die damit verbundenen Risiken (siehe Kapitel 12.7). Darüber hinaus ist der Arbeitnehmer während der Laufzeit gezwungen, jederzeit in ein Arbeitsverhältnis zum Entleiher zu wechseln. Arbeitslose haben zudem auch nicht die Möglichkeit, sich der PSA zu entziehen. Im Weigerungsfall droht eine Sperrfrist für den Bezug des Arbeitslosengeldes, da Leiharbeit im Sinne von § 122 SGB III zumutbar ist.

Welches prekäre Potential der Leiharbeit als Erwerbsform innewohnt, wurde bereits im vorangegangenen Kapitel festgestellt. Es handelt sich um eine in jeder Hinsicht prekäre Erwerbsform, die auch in ihrer vermittlungsorientierten Variante erhebliche Risiken für die Betroffenen birgt. Außerdem trifft die PSA-Leiharbeitnehmer bei der hiesigen Rechtslage auch grundsätzlich das prekäre Potential der Befristung. Auch wird den Betroffenen ein enorm hohes Maß an Flexibilität abverlangt, das in kaum einer anderen Erwerbsform so hoch ist wie in der Leiharbeit.

Wie Däubler konnten auch Antoni und Jahn in ihren Analysen keinen Erfolg des von der Bundesagentur so hoch eingeschätzten „Klebeeffektes" ausfindig machen.[57] Eine Brückenfunktion in reguläre Beschäftigungen konnten sie anhand der statistischen Daten ebenfalls nicht feststellen. Aufgrund der hohen Fluktuation ist das Integrationspotential der Arbeitnehmerüberlassung eher als gering einzuschätzen. Somit sind die Betroffenen gezwungen, in dieser Erwerbsform ohne eine Hoffnung auf eine Integration in eine reguläre Beschäftigung zu verharren.

Dies zeugt nicht mehr allein von einer Abkehr von der Norm des Normalarbeitsverhältnisses in der Arbeitsmarktpolitik, sondern auch von einem deutlich rigideren Umgang mit den Arbeitslosen.

---

[57] Däubler (2006) S. 325 ff.; Antoni und Jahn (2006) S. 1- 5

11. Teilzeitbeschäftigung

Die Teilzeitbeschäftigung und ihre Varianten werden aus betrieblicher Sicht in erster Linie eingesetzt, um den Personaleinsatz den Konjunkturschwankungen anzupassen. Für Arbeitnehmer können sie Handlungsspielräume für individualisierte Lebensentwürfe eröffnen. Im folgenden Kapitel wird hauptsächlich die „reguläre" Teilzeitbeschäftigung behandelt. Das Thema der sog. „flexiblen" Teilzeitmodelle findet nur am Rande Erwähnung, da dies den Umfang dieser Untersuchung übersteigt. Der geringfügigen Beschäftigung, welche auch zur Teilzeitbeschäftigung gezählt werden kann, kommt aufgrund anderer Bestimmungsgrößen ein eigenes Kapitel zu.

11.1 Verbreitung und Strukturmerkmale der Teilzeitbeschäftigung

Die Bedeutung der Teilzeitbeschäftigung, einschließlich der geringfügigen Beschäftigung, hat in den letzten Jahren sehr stark zugenommen. Im Jahre 1985 waren rd. 7% der Bevölkerung im erwerbsfähigen Alter teilzeitbeschäftigt. Von 2001 an gab es einen starken Anstieg. Der Anteil wuchs von rd. 13% im Jahr 2001 auf rd. 15% im Jahr 2005. Für 2005 sind allein 5,5% der Teilzeitbeschäftigten der geringfügigen Beschäftigung zuzuordnen. Auch die befristete Teilzeitbeschäftigung gewann an Bedeutung. Anfang der 1990er Jahre entsprach der Anteil rd. 0,8% der Bevölkerung im erwerbsfähigen Alter. Bis 2005 stieg diese Zahl auf rd. 1,8% an. Zwischen den Jahren 2004 und 2005 lag die Zuwachsrate bei +41%.[58]

Bei der sozialversicherungspflichtigen Teilzeitbeschäftigung ist ohne die Anrechnung der geringfügigen oder befristeten Teilzeitbeschäftigung dagegen ein Rückgang festzustellen. Insgesamt stieg die Quote zwischen 1991 und 2005 um rd. 2%. Auffällig ist allerdings der Rückgang des Anteils von rd. 7,9% auf rd. 7,7 von 2004 auf 2005. Es ist zu vermuten, dass eine Verdrängung der sozialversicherungspflichtigen Teilzeitbeschäftigung durch den erheblichen Zuwachs der geringfügigen Beschäftigung oder der befristeten Teil-

---

[58] Oschmiansky (2007) S. 12.ff.; Siehe *Abb. 1*

zeitbeschäftigung stattfand.[59] Trotzdem stellt die sozialversicherungspflichtige Teilzeitbeschäftigung mit rd. zwei Dritteln immer noch den größten Beitrag zum Teilzeit-Arbeitsvolumen.[60]

Beim IAB wurden für das Jahr 2003 128.000 Anträge zur Verkürzung der Arbeitszeit gezählt. Dies waren 44.000 Anträge mehr als 2001.[61] Laut repräsentativen Befragungen des IAB ist der Wunsch nach (sozialversicherungspflichtiger) Teilzeitarbeit bei rd. einem Drittel aller Vollzeitbeschäftigten verbreitet, obwohl sie mit entsprechenden Einkommensverzichten verbunden ist.

Die sozialversicherungspflichtige Teilzeitbeschäftigung ist seit langem von Frauen dominiert. Die Frauenerwerbsquote unter den Teilzeitbeschäftigten lag 2005 bei rd. 16,8%, die Quote der Männer lag bei nur rd. 2,4% gemessen an allen Personen im erwerbsfähigen Alter.

Nach IAB-Erhebungen im Herbst 2004 zählen der Bereich der sozialen Dienstleistung mit rd. 30%, die öffentliche Verwaltung mit rd. 23% und das Kredit- und Versicherungsgewerbe mit rd. 18% zu den Wirtschaftszweigen, in denen die Anteile der regulären Teilzeitbeschäftigung unter den Beschäftigten am größten sind.[62]

Die größte Verbreitung der kapazitätsorientierten variablen Arbeitszeit findet sich im Dienstleistungsbereich. Sie kommt insbesondere im Handel und im Hotel- und Gaststättengewerbe häufig vor. Primär sind davon Arbeitskräfte betroffen, die unterhalb der Normalarbeitszeit beschäftigt sind.

---

[59] ebenda.
[60] Wagner, S. (2006) S. 1
[61] Wagner, S. (2004) S. 1
[62] Wagner, S. (2006) S. 1

11.2 Das TzBfG – Grundsätze der Teilzeit- und befristeten Beschäftigung

Die in diesem Abschnitt dargestellten gesetzlichen Grundsätze betreffen neben der Teilzeitbeschäftigung auch die befristeten Beschäftigungsverhältnisse. Die befristeten Beschäftigungsverhältnisse werden jedoch in einem anderen Kapitel dieser Untersuchung gesondert behandelt.

Am 2.12.2000 wurde das Gesetz über Teilzeitarbeit und befristete Arbeitsverträge (TzBfG) verabschiedet, das am 1.1.2001 in Kraft trat, womit das Beschäftigungsförderungsgesetz abgelöst wurde. Grundlage des Gesetzes sind Rahmenvereinbarungen der europäischen Sozialpartner über Teilzeitarbeit und über befristete Arbeitsverträge, die die Bundesregierung in deutsches Recht umgesetzt hat. Für befristete Beschäftigungen, wie auch für Teilzeitbeschäftigungen, ist im Vorfeld allgemein festzuhalten: Die Position von Arbeitnehmern wird in beiden Formen durch ein Diskriminierungs- (§ 4 Abs. 1 u. 2 TzBfG) und Benachteiligungsverbot (§ 5) gegenüber Vollzeitbeschäftigten sowie durch das Kündigungsverbot aus dem Anlass der Befristung (§ 11) gestärkt. Des Weiteren besteht eine Aus- und Weiterbildungspflicht des Arbeitgebers für teilzeit- und befristet beschäftigte Arbeitnehmer (§ 10 und 19 TzBfG). An dieser Stelle wird ein Recht auf die Teilnahme an entsprechenden Maßnahmen zugestanden, sofern sie im Betrieb angeboten werden. Zudem hat der Arbeitgeber die Belegschaft über Teilzeit- und Vollzeitarbeitsplätze zu informieren (§ 7). So sollen die berufliche Entwicklung und Mobilität sowie die Chance auf einen Dauerarbeitsplatz verbessert werden.

11.3 Varianten der Teilzeitbeschäftigung und ihre rechtliche Regelung

Für die Teilzeitbeschäftigung beinhaltet das Teilzeitbefristungsgesetz (TzBfG) die wesentlichen Regelungen. Demnach sind Arbeitnehmer teilzeitbeschäftigt, deren regelmäßige Wochenarbeitszeit kürzer ist als die regelmäßige Wochenarbeitszeit vergleichbarer vollzeitbeschäftigter Arbeitnehmer des Betriebes (§ 2 Abs. 1 TzBfG). Vorrangiges Ziel des Gesetzgebers ist es, durch das TzBfG die Teilzeitarbeit zu fördern. Es soll eine beschäftigungsorientierte Verteilung des Arbeitsvolumens erreicht werden, um so eine Entlastung des Arbeitsmarktes herbeizuführen. Auch sollen die Gleichstellung von Frauen und Männern sowie die Vereinbarkeit von Familie und Beruf gefördert werden.[63]

Diese Intentionen schlagen sich im Kernstück des Gesetzes nieder: Es besteht für alle Arbeitnehmer ein Rechtsanspruch auf Verringerung der vertraglich vereinbarten Arbeitszeit (§ 8 Abs. 1).[64] Laut § 6 TzBfG trifft dies ausdrücklich auch für Arbeitnehmer in leitenden Positionen zu. Allerdings sind an den Rechtanspruch gemäß § 8 TzBfG bestimmte persönliche und betriebliche Voraussetzungen geknüpft: So muss u.a. das Arbeitsverhältnis länger als sechs Monate bestehen, im Betrieb müssen mehr als 15 Arbeitnehmer beschäftigt sein, es dürfen keine gewichtigen betrieblichen Gründe dagegen sprechen und die Verringerung muss spätestens drei Monate vor deren Beginn geltend machen werden. Verlängerungen der Arbeitszeiten sind ebenso möglich. Gleichwohl besteht hier kein unmittelbarer Anspruch. Der Arbeitgeber hat in diesem Fall den Verlängerungswilligen bei der Besetzung eines entsprechenden freien Arbeitsplatzes und bei gleicher Eignung zu bevorzugen (§ 9 TzBfG).

Unter Teilzeitbeschäftigung fällt nach § 2 Abs. 2 TzBfG auch die geringfügige Beschäftigung nach § 8 Abs. 1 Nr. 1 SGB IV, die jedoch noch an einer anderen Stelle in dieser Untersuchung (siehe Kapitel 13) behandelt wird.

Bei der *regulären* Teilzeitbeschäftigung handelt es sich lediglich um eine Arbeitszeitverkürzung (s.o.). Sie lässt sich nicht, wie viele andere praktizierte Arbeitszeitmodelle, dem Begriff der Arbeitszeitflexibilisierung unterordnen. Anders ist dies bei der sog. *flexiblen* Teilzeitbeschäftigung, sie erscheint in der Praxis in vielfältigen Kombinationen und Variationen. Dazu zählen beispielsweise *kapazitätsorientierte variable Arbeitszeit, Job-Sharing, Job-Splitting* und *Split-level-sharing*. Sie werden darüber hinaus auch beispielsweise mit Gleitzeit- oder Schichtarbeitsregelungen verbunden.

---

[63] Wanger, S. (2004) S. 3
[64] Einen solchen Anspruch konnten bis zur Einführung des TzBfG nur Eltern (Elternzeit: § 15 Abs. 7 BErzGG – inzwischen weggefallen) oder Schwerbehinderte (§ 81 Abs. 5 Satz 3 SGB IX) wahrnehmen.

Die „kapazitätsorientierte variable Arbeitszeit" (KAPOVAZ) –
als „Arbeit auf Abruf" oder auch als „bedarfsabhängige variable
Arbeitszeit" (BAVAZ) bezeichnet, ist eine hoch flexibilisierte Form
der Teilzeitbeschäftigung. In diesen Arbeitsverträgen ist die zeitliche Lage der Arbeitsleistung durch den Arbeitnehmer variabel be-
stimmbar. Gemäß § 12 Abs. 1 TzBfG muss allerdings eine bestimmte
Dauer der wöchentlichen und täglichen Arbeitszeit vereinbart werden. Sollte dahingehend nichts vertraglich festgelegt sein, gilt eine
wöchentliche Arbeitszeit von zehn Stunden. Außerdem hat der Arbeitnehmer die Arbeitsleistungen immer für mindestens drei aufeinander folgende Stunden in Anspruch zu nehmen (§ 12 Abs. 1
Satz 3 TzBfG). Jedoch ist der Arbeitnehmer nur zur Leistung verpflichtet, wenn ihm die Lage seiner Arbeitszeit mindestens vier Ta-
ge im Voraus mitgeteilt wurde (§ 12 Abs. 2 TzBfG).

Die Arbeitsplatzteilung ist im Wesentlichen dadurch gekennzeichnet, dass ein Arbeitsplatz unter mehreren Personen aufgeteilt
wird. Unterschiedliche Modelle finden Anwendung. *Job-Sharing*, *Job-
Splitting* und *Job-Pairing* sind einige dieser Modelle. Es gibt allerdings keine allgemein gültige Definition und Abgrenzungen für
diese Begriffe. Sie variieren in der Literatur stark.[65] § 13 TzBfG
schreibt die wesentlichen Regelungen zur Arbeitsplatzteilung vor.
Das TzBfG legt in § 13 Abs. 1 die gegenseitigen Vertretungspflichten
der Arbeitnehmer untereinander fest. Diese Vertretungspflichten
werden auf dringende betriebliche Gründe und Einzelfälle, unter
Voraussetzung vertraglicher Vereinbarung und deren Zumutbarkeit, eingeschränkt. Darüber hinaus ist gemäß § 13 Abs. 2 die Kündigung wegen Ausscheidens eines anderen Arbeitnehmers unwirksam.

11.4 Sozialversicherung

Die Gleichstellung von sozialversicherungspflichtiger Teilzeit-
mit der Vollzeitarbeit erstreckt sich auch auf die Sozialversicherung.

---

[65] Die Begriffe *„Job-Sharing"* und *„Job-Splitting"* werden nicht vom Gesetzgeber
verwendet, sie bieten jedoch Bezeichnungen, mit denen die unterschiedlichen Modelle umschrieben werden können.

Den Beschäftigten steht der Zugang zu allen Zweigen der Sozialversicherung offen. In den Sachleistungssystemen der GKV und PV profitieren Teilzeitbeschäftigte sogar, weil die Leistungsbemessung dem Prinzip der Bedarfsgerechtigkeit folgt. Allen Versicherten stehen die gleichen Leistungen zu, ohne dass sie sich an den Beitragshöhen orientieren.

In der GRV ist die Situation der Teilzeitbeschäftigten komplizierter. Die Berechnung der Ansprüche erfolgt überwiegend proportional zu den Erwerbsjahren und der Höhe des beitragspflichtigen Einkommens. Die individuellen Beitrags-Leistungs-Relationen von Teilzeitbeschäftigten sind nicht schlechter als die von Vollzeitbeschäftigten. Im Hinblick auf die Förderung und Subventionierung von bestimmten Teilzeitphasen entstehen sogar Vorteile. Beispiele hierfür sind die Teilzeitarbeit von Eltern (s.g. Kinderberücksichtigungszeiten) oder die Altersteilzeit.

Auch bei der ebenfalls auf dem Äquivalenz-Prinzip beruhenden AV entstehen keine prinzipiellen Nachteile gegenüber der Vollzeitbeschäftigung. Teilzeitbeschäftigte profitieren, gemessen an ihren Beiträgen, überproportional von verbesserten Zugangsmöglichkeiten zu den Instrumenten der aktivierenden Arbeitsmarktpolitik (z.B. Weiterbildungs- und Umschulungsmaßnahmen). Ehemals vollzeitbeschäftigten Teilzeitarbeitern kann unter bestimmten Bedingungen das Arbeitslosengeld nach dem früheren Vollzeiterwerbseinkommen bemessen werden. Der übliche Leistungssatz beträgt für Arbeitslose mit Kindern 67 %, für alle anderen 60 % des Netto-Leistungsentgelts. Durch diese Regelung ergaben sich erheblich Nachteile für Teilzeitbeschäftigte, weshalb der Gesetzgeber für sie eine Sonderregelung einführte, durch die der Umstieg auf die Teilzeitarbeit attraktiver gestaltet wurde. Damit ALG bis zu 100% des durchschnittlichen Nettolohns der Teilzeitarbeit gezahlt wird, müssen folgende Voraussetzungen erfüllt sein: 1. Die neue Arbeitszeit muss mindestens 20% geringer als die tarifliche Arbeitszeit sein. 2. Die vorherige Tätigkeit mit längeren Arbeitszeiten muss innerhalb der letzten dreieinhalb Jahre mindestens sechs Monate zusammenhängend ausgeübt worden sein.

11.5 Bewertung

Ein eindeutiges Urteil über die vielfältigen Ausprägungen und Ausgestaltungen der Teilzeitbeschäftigung ist kaum möglich. Ebenfalls kann keine Bewertung eines jeden einzelnen der oben aufgeführten Modelle im Rahmen dieser Untersuchung geleistet werden.

Der hohe Anteil der Frauen, die in diesen Erwerbsformen tätig sind, spiegelt auch die fehlenden bedarfsgerechten Kinderbetreuungsangebote wider. Andererseits beinhaltet die Teilzeitbeschäftigung auch für Frauen hohe Partizipationschancen am Arbeitsmarkt. Dieser Erfolg wird jedoch durch den Tatbestand gemindert, dass die Übernahmewahrscheinlichkeit in eine Vollzeitstelle bei Frauen geringer ausfällt als bei Männern, da Frauen länger in Teilzeitbeschäftigung verharren.[66]

Oschmiansky weist darauf hin, dass die befristeten Teilzeitbeschäftigungen wahrscheinlich zum großen Teil durch jüngere Erwerbstätige ausgeübt werden. Sie mutmaßt ebenfalls, dass der starke Anstieg dieser Beschäftigungsform als ein Hinweis auf die empirisch schwer erfassbaren, schlagwortartigen Problemumschreibungen „Generation Praktikum" oder „Generation prekär" gewertet werden könnte.[67] Eine Betrachtung der hier vermuteten Altersverteilung kann demnach zu ähnlichen Ergebnissen kommen wie die der befristeten Beschäftigung.

Die Auswertung dieses Beschäftigungsmodells erscheint auch deshalb kompliziert, weil es sich teilweise um erwünschte und häufig geschützte Arbeitsverhältnisse handelt, die zwar atypisch sind, aber nicht zwingend als prekär einzustufen sind. Das Beschäftigungsmodell ist für diejenigen problematisch, die nach einer Vollzeitstelle streben, weil dann evtl. die notwendige Einkommenshöhe und Versorgungsansprüche durch die Beschäftigung nicht gewährleistet sind.

---

[66] Friedrich-Ebert-Stiftung (2006) S. 33 f.; anhand von Daten des DIW von 2005
[67] Oschmiansky (2007) S. 14

Eine Betrachtung der finanziellen Situation erscheint daher sinnvoll. Laut Angaben der Friedrich-Ebert-Stiftung lebten im Mai 2003 rd. 66% aller Teilzeitbeschäftigten überwiegend vom Einkommen aus ihrer Teilzeitbeschäftigung. Für rd. 23% war das Einkommen ihrer Angehörigen die wichtigste weitere Quelle zum Lebensunterhalt. In den neuen Ländern stellt für rd. 78% der Frauen das eigene Erwerbseinkommen aus der Teilzeitbeschäftigung die Haupteinkommensquelle dar. Von ihnen strebten rd. 53% ursprünglich eine Vollzeitstelle an, da sie den Teilzeitverdienst als unzureichend empfanden.[68]

Aufgrund dieser Angaben ist die Teilzeitarbeit für viele Beschäftigte im materiellen Sinne als prekär einzustufen. Hinzu kommen noch die Betroffenen, die sich nur aufgrund des Verdienstes ihrer Angehörigen nicht in einer prekären Situation befinden. Für sie besteht die Gefahr, bei Veränderung ihrer sozialen Verhältnisse ohne ein existenzsicherndes Einkommen dazustehen. Sie befinden sich in einem wirtschaftlichen Abhängigkeitsverhältnis, das nach heutigen Wertvorstellungen nicht zu tolerieren ist, zumindest aber hinterfragt werden muss. Zu beachten ist auch, dass laut Däubler Teilzeitbeschäftigte ein höheres Arbeitsplatzrisiko zu tragen haben. Als weitere Nachteile nennt er sehr viel geringere Einkommen und ein ungünstigeres Verhältnis zwischen Weg- und Arbeitszeit.[69] Bei einer 30 Stundenwoche und einer hoch bezahlten Tätigkeit haben diese Effekte selbstverständlich nur ein entsprechend geringeres Gewicht.

Erschwerend kommt für die Beschäftigten hinzu, dass die soziale Absicherung der Teilzeitbeschäftigung aus der individuellen Perspektive nachteilig erscheint, obwohl keine prinzipielle Benachteiligung besteht. Sie geht im Vergleich zur kontinuierlichen Vollzeitbeschäftigung allerdings mit erheblichen Renteneinbußen einher. Klammer und Leiber weisen schon 2006 darauf hin, dass Erwerbstätige mit einem Durchschnittseinkommen rd. 25 Erwerbsjahre für eine GRV-Rente oberhalb des Sozialhilfeniveaus benötigen,

---

[68] Friedrich-Ebert-Stiftung (2006) S. 34; anhand von Daten des Statistischen Bundesamtes von 2004 und 2005
[69] Däubler (2006) S. 320; Rn. 1094 und 1095

bei rd. 75% des Durchschnittseinkommens sind es bereits rd. 33 Jahre. Daher kann eine dauerhafte Teilzeitbeschäftigung zu unzureichenden Alterssicherungsansprüchen führen.

Die Aufnahme einer Teilzeitbeschäftigung kann auch für zuvor nicht erwerbstätige Personen Nachteile erbringen, wenn sie als nicht-erwerbstätige Familienmitglieder in der GKV und PV betragsfrei mitversichert waren. Mit der Beitragspflicht verändern sich nämlich nicht die Leistungsansprüche, so dass die Beitragszahlungen als Belastung ohne Gegenleistung, bzw. Anspruchssteigerung empfunden werden Eine Ausnahme bildet hier lediglich das Krankengeld. Insgesamt kann dies die Motivation zur Teilzeitbeschäftigung unter den Verheirateten schwächen.

Zu beachten ist auch, dass in der GRV eigene Einkünfte auf mögliche Hinterbliebenenrentenansprüche angerechnet werden und so Anreize zum Aufbau eigener Versicherungsansprüche herabgesetzt werden.

Zum betrieblichen Prekarisierungspotential sind vor allem die Hinweise von Däubler wichtig. Demnach sind die Betroffenen weniger in die Belegschaft integriert als Vollzeitbeschäftigte. Dadurch ergeben sich auch verschlechterte Aufstiegschancen in Aufsichts- und Leitungsfunktionen.[70]

Vor dem Eindruck dieser Einschätzung erscheinen die Steigerung der Zeitsouveränität und der Partizipationschancen als teuer erkauft. Trotzdem sprechen die hohen Antragszahlen für sich, auch wenn die Angaben der Friedrich-Ebert-Stiftung für Ostdeutschland dagegen sprechen (s.o.). Es ist deshalb nicht weiter verwunderlich, dass das TzBfG im Jahr 2001 einvernehmlich umgesetzt wurde.

Diese hohe Akzeptanz in der Bevölkerung kann damit erklärt werden, dass in den Familien immer noch eine Arbeitsteilung zwischen Erwerbs- und Familienarbeit besteht. Hierfür würde zumin-

---

[70] Däubler (2006) S. 320; Rn. 1092

dest der rd. 80%ige Anteil der Frauen an den gestellten Anträgen und ihr hoher Anteil an der Teilzeitbeschäftigung im Allgemeinen sprechen.

Viele Teilzeitbeschäftigte wünschen ihr Beschäftigungsverhältnis nicht dauerhaft beizubehalten, sondern bevorzugen es für eine bestimmte Lebensphase. Hieran knüpft sich der Wunsch nach einer Rückkehr in die Vollzeitbeschäftigung. Das TzBfG sieht allerdings keine Rückkehroption im Sinne eines Anspruches auf Vollzeittätigkeit vor. Es besteht nur Vorrang bei der Besetzung offener Stellen. In der Anlaufphase des Gesetzes (2001) standen 13 Anträgen auf Verkürzung ein Antrag auf Verlängerung der Arbeitszeit entgegen. 2003 standen durchschnittlich nur noch zwei Verkürzungsanträge einem Verlängerungsantrag entgegen.[71] Diese Thematik scheint insbesondere in ostdeutschen Gebieten Probleme zu bereiten, da dort viele Betriebe (rd. 61%) Verlängerungsanträge ablehnen. In Westdeutschland hingegen genehmigen rd. 93% der Betriebe diese Anträge.

Diese Zahlen vermitteln den Eindruck, dass sich neben dem Wunsch nach mehr Zeitsouveränität inzwischen auch ein stärkeres Bewusstsein der sozialen Risiken der Teilzeitbeschäftigung etabliert hat.

Die KAPOVAZ stellt eine Möglichkeit dar, die eine sehr flexible Arbeitszeitgestaltung zulässt. Sie ist vor allem in Unternehmen des Handels und der Dienstleistungsbranche verbreitet. Die Arbeitsleistung kann somit sehr flexibel an den tatsächlichen Arbeitsanfall eines Unternehmens angepasst werden. Problematisch für die Arbeitnehmer ist der Tatbestand, dass die Arbeitgeberseite einseitig die Leistungspflicht bestimmt. Hieraus ergibt sich für die Betroffenen ein hohes Maß an Planungsunsicherheit bezüglich des Entgeltes, der Arbeitszeit und der Arbeitslage. Etwas abgemildert wird dieser Umstand durch § 12 Abs. 1 S. 4 TzBfG. Diese Regelung garantiert im Grunde eine Mindestvergütung. Das BVerfG hat mit seinem Beschluss vom 23.11.2006 – 1 BvR 1909/06 – die neue Rechtsprechung

---

[71] Wagner, S (2004) S. 5; laus WSI-Befragungen

des BAG zur Arbeit auf Abruf bestätigt. Die abrufbare Arbeitszeit, die über die vereinbarte wöchentliche Mindestarbeitszeit hinausgeht, darf demnach nicht mehr als rd. 25 % betragen.[72] Mit dem Urteil wurde der Missbrauch von Überstundenregelungen eingedämmt, wenn auch die grundlegende Problematik bestehen bleibt. Neben den Problematiken, die sich aus einer Teilzeitbeschäftigung bzw. Arbeitszeitverkürzung ergeben, wird ein großer Teil des Unternehmerrisikos auf die Beschäftigten abgewälzt. Däubler macht darauf aufmerksam, dass mit dieser Erwerbsform auch Schutzgesetze, wie die Entgeltfortzahlung im Krankheitsfall und an Feiertagen, nicht mehr greifen. Der Beschäftigte wird dann möglichst nicht an den entsprechenden Tagen zur Arbeit eingeteilt. Auch die Schutzvorschriften aus § 12 Abs. 2 TzBfG, welche dem Beschäftigten ein Leistungsverweigerungsrecht einräumen, mildern die Prekarität dieser Erwerbsform nur in geringem Umfang. Es ist davon auszugehen, dass die Betroffenen nur in Ausnahmefällen von ihrem Recht Gebrauch machen und deshalb auch kurzfristig zum Abruf bereitstehen werden.[73] Die KAPOVAZ kann aus den genannten Gründen nur für solche Arbeitnehmer Vorteile bieten, die verhältnismäßig wenig arbeiten wollen und zudem relativ frei über die eigene Zeit verfügen können.

Die Konsequenzen einer Arbeitsplatzteilung für die Betroffenen hängen stark von der Ausgestaltung der jeweiligen Modelle ab. Bei einer rein zeitlichen Aufteilung der Stelle haben die Betroffenen kaum Kontakt zueinander, womit sich diese Ausgestaltung kaum von einer regulären Teilzeitbeschäftigung unterscheidet. Sind mehrere Arbeitnehmer für das gleiche Arbeitsgebiet zuständig, werden deutlich höhere Anforderungen an die Betroffenen gestellt. Organisationsvermögen, gegenseitige Vertretung aber auch ein ähnliches Qualifikationsniveau sind hier aus Sicht der Unternehmen nötig. Allerdings haben die hier vorgestellten Modelle laut Däubler in der Praxis bisher kaum eine Bedeutung.[74]

---

[72] Schlichting (2007) S. 1
[73] Däubler (2006) S. 329; Rn. 1119 ff.
[74] Däubler (2006) S. 330; Rn. 1129

Zu erwähnen ist dennoch, dass die flexible Teilzeitbeschäftigung eine Anpassung an individuelle Lebenslagen ermöglichen kann. Damit ist insbesondere eine Integration von Frauen und eine familienfreundliche Unternehmensführung möglich.

12. Befristete Beschäftigung

Eine befristete Beschäftigung bedeutet nichts anderes als eine Umgehung des regulären Kündigungsschutzes. Auch wenn sich diese Erwerbsform auf den ersten Blick nicht sehr vom Normalarbeitsverhältnis unterscheidet, ist die Vorwegnahme der Kündigung für die Betroffenen mit weit reichenden Risiken verbunden.

12.1 Verbreitung und Strukturmerkmale der befristeten Beschäftigung

Die Anzahl der befristeten (Vollzeit-) Beschäftigungen ist über den Zeitraum zwischen 1985 bis 2005 nur leicht angestiegen. 1991 lag der Anteil der befristeten (Vollzeit-) Beschäftigungen im erwerbsfähigen Alter bei rd. 2,9% und 2005 mit rd. 3,1% nur leicht darüber. Im Zeitraum von 2004 bis 2005 ist jedoch ein deutlicher Anstieg von rd. 2,6% auf rd. 3,1% zu verzeichnen gewesen. 2005 gab es mit rd. 3,8% einen höheren Anteil der Männer. Frauen sind in dieser Erwerbsform mit rd. 2,4% seltener anzutreffen.[75]

Laut dem Statistischen Bundesamt sind im März 2004 gerade unter jungen Menschen befristete Arbeitsverhältnisse überdurchschnittlich stark vertreten. Von den abhängig Erwerbstätigen (ohne Auszubildende) waren die 20-Jährigen (knapp 40%), die 21- bis 24-Jährigen (rd. 29%) und die 25- bis 29-Jährigen (knapp 16%) am stärksten vertreten. Am geringsten betroffen waren die 45- bis 49-Jährigen und 50- bis 54-Jährigen (beide knapp 4%). Der Vergleich mit 1996 ergab Anteile von rd. 33%, rd. 22% und rd. 10% für die drei jüngsten Altersklassen.[76] Die Anteile der Jüngeren sind also in den letzten Jahren deutlich gestiegen.

Als typische Branchen für befristete Arbeitsverhältnisse nennt die Friedrich-Ebert-Stiftung den expandierenden Dienstleistungssektor, in dem sich die Mehrzahl aller befristet Beschäftigten befinden soll. Genannt werden aber auch die Branchen der gesamten Me-

---

[75] Oschmiansky (2007) S. 21; Siehe *Abb. 1,2 u. 3*
[76] Statistisches Bundesamt (2005) S. 1

tall- und Elektroindustrie, die in jüngster Zeit de facto nur noch befristet einstellen.[77]

12.2 Rechtliche Rahmenbedingungen der befristeten Beschäftigung und ihrer Varianten

Nach § 620 Abs. 3 BGB gilt für Arbeitsverträge, die auf bestimmte Zeit abgeschlossen sind, das TzBfG. Damit gelten die grundsätzlichen Regelungen des TzBfG, die bereits in Kapitel 11.2, S. 46 ff.) wurden. Grundsätzlich müssen Befristungen anhand eines gesetzlichen *Sachgrundes* gerechtfertigt sein. Als solche gelten u.a. die in § 14 Abs. 1 Nr. 1 bis 8 beispielhaft genannten anerkannten Sachgründe, deren Aufzählung jedoch nicht als abschließend zu betrachten ist.[78] Sie lassen sich wie folgt zusammenfassen:

- Betriebliche Gründe, wie nur vorübergehender Bedarf, Vertretung eines anderen Arbeitnehmers oder im Anschluss an Ausbildung oder Studium (Nr. 1–3)

- Eigenart der Arbeit sowie ihrer Mittel zur Vergütung (Nr. 4 und 7)

- Die Person des Arbeitnehmers und seine Erprobung (Nr. 5 und 6)

- Ein gerichtlicher Vergleich (Nr. 8)

Weitere Sachgründe sind in Weyand/Düwell aufgeführt. Die sog. *sachliche Befristung* unterliegt, im Gegensatz zur *sachgrundlosen Befristung*, keiner Begrenzung bezüglich ihrer Dauer und Verlängerung. Die *Befristung ohne Sachgrund* ist als Ausnahmefall anzusehen. Sie ist unter der verschärften Bedingung möglich, dass sie maximal zwei Jahre beträgt und nicht mehr als dreimal verlängert werden darf. Des Weiteren darf zwischen den Vertragsparteien zuvor kein Arbeitsverhältnis bestanden haben (§ 14 Abs. 2 TzBfG). Aufgrund dieser Regelung können auch (unter den o.g. Bedingungen) Befristungen bei *Neueinstellungen* vorgenommen werden.

Weiterhin wird zwischen *kalendermäßig* und *zweckgebunden* befristeten Arbeitsverträgen unterschieden (§ 15 Abs. 1 und 2 TzBfG). Eine *kalendermäßige* Befristung eines Arbeitsvertrages ohne Vorlie-

---

[77] Friedrich-Ebert-Stiftung (2006) S. 25 f.
[78] Weyand/Düwell (2005) S. 94

gen eines sachlichen Grundes ist dabei wiederum nur unter den o.g. Bedingungen aus § 14 Abs. 2 möglich. Für die *zweckgebundene Befristung* (z.B. für die Einstellung temporär verhinderter Mitarbeiterinnen – Schwangerschaftsvertretungen – für eine Saison oder ein Projekt, dessen Ende nicht absehbar ist), ist *unbedingt* einen Sachgrund erforderlich (§ 21 TzBfG) (s.o.).[79]

Eine weitere wichtige Ausnahmeregelung stellt das *Befristungsprivileg für neu gegründete Unternehmen*[80] nach Art. 2 des Gesetzes zu Reformen am Arbeitsmarkt dar, in Folge dessen der § 14 TzBfG um den Absatz 2a ergänzt worden ist. Daraus ergibt sich für Existenzgründer in den ersten vier Jahren nach Aufnahme der Erwerbstätigkeit, dass sie Arbeitsverhältnisse ohne sachlichen Grund bis zu vier Jahren und mit unbegrenzter Anzahl der Verlängerungen befristen können.

Die Ergänzung des § 14 TzBfG durch das erste Gesetz für moderne Dienstleistungen am Arbeitsmarkt um den Abs. 3 – Befristung von Verträgen mit Arbeitnehmern nach dem 52. Lebensjahr und mindestens vier Monate Beschäftigungslosigkeit, ohne Vorliegen eines sachlichen Grundes und einer Dauer von fünf Jahren – ist inzwischen unwirksam geworden[81]. Ziel der rot-grünen Bundesregierung war es, hiermit die Beschäftigungschancen älterer Arbeitnehmer zu verbessern.[82]

Neben dem sog. Jahresvertrag sind noch weitere Varianten der Befristung bekannt. Sie unterliegen jedoch aus rechtlicher Perspektive keinem Sonderstatus. So handelt es sich bei der Saisonarbeit um eine Beschäftigungsform, die einem *zweckbefristeten Arbeitsvertrag* entspricht. Ihre sachliche Begründung liegt im vorübergehenden

---

[79] Das Arbeitsverhältnis endet hier mit dem Erreichen des Zweckes, jedoch mindestens zwei Wochen nach Zugang einer schriftlichen Unterrichtung (§ 15 Abs. 2 TzBfG).

[80] Anmerkung: Der Begriff „Unternehmen" wird im TzBfG vorausgesetzt, ist jedoch in § 14 BGB und § 84 HGB definiert (Weyand/Düwell (2005) S. 111).

[81] Vgl. EuGH, Urteil vom 22.11.2005, Rs. C-144/04 in Lorenz, Frank (2007) S. 134

[82] Vgl. Lorenz, Frank (2007) S. 134

betrieblichen Bedarf an der Arbeitsleistung (§ 14 Abs. 1 Nr. 1 TzBfG). Beispiele hierfür sind Erntehelfer und Beschäftigte in der Tourismusbranche. Die Schwangerschaftsvertretung zählt ebenfalls zu den befristeten Beschäftigungsverhältnissen und entspricht nach § 14 Abs. 1 Nr. 3 TzBfG einem *zweckbefristeten Arbeitsvertrag*. Sie endet mit der Beendigung der Schwangerschaft der zu vertretenden Arbeitnehmerin – und dies auch bei Schwangerschaftsabbrüchen und Komplikationen, die zum Ende einer Schwangerschaft führen.

Anders verhält es sich jedoch mit der befristeten Neueinstellung bzw. der Befristung zur Erprobung (s.o.). Sie wird explizit im Gesetzestext behandelt und geregelt.

12.3 Funktionen der Befristung

Das Interesse an befristeten Beschäftigungen geht vor allem von den Betrieben aus. Von Giesecke und Groß werden die Gründe dafür in erster Linie in der Senkung von Produktions- oder Dienstleistungskosten gesehen, die durch eine erhöhte Flexibilität des Personaleinsatzes erreicht werden kann.

Als typische Funktionen befristeter Beschäftigung nennen sie eine schnellere Anpassung an Nachfrage- und Personalschwankungen und eine erleichterte Durchführung von organisatorischen oder technischen Umstrukturierungen in Unternehmen. Die Erledigung von außergewöhnlichen oder unregelmäßig anfallenden Aufgaben wird gerne durch eine befristete Einstellung von Spezialisten abgedeckt. Allerdings wird durch befristete Arbeitsverträge auch eine Verlängerung der üblichen Probezeiten bei Neueinstellungen erwirkt. Da diese Erwerbsform überdurchschnittlich oft unterdurchschnittlich vergütet wird, kann mit diesem Instrument eine direkte Senkung der Arbeitskosten erreicht werden. Die disziplinierende Wirkung auf die Stammbelegschaft und die motivierende Wirkung auf die auf Dauerbeschäftigung hoffenden Befristeten wird teilweise gezielt von Unternehmensleitungen eingesetzt, um die Produktivität der Beschäftigten zu steigern.

12.4 Besetzungsmuster befristeter Stellen

Giesecke und Groß haben die Besetzungsmuster befristeter Stellen empirisch untersucht. Ihre Fragestellung fokussierten sie auf die Häufigkeit der Auswahl von spezifischen Arbeitnehmergruppen für befristete Stellen.[83]

Die Grundlage der Analysen bildeten die Daten des Sozioökonomischen Panels (SOEP) für die Jahre von 1995 bis 2004. Die Autoren beziehen sich nur auf den westdeutschen Arbeitsmarkt, doch können ihre Ergebnisse von ähnlichen Untersuchungen für Gesamtdeutschland untermauert werden.[84] Zur Erfassung von wichtigen individuellen Merkmalen der Arbeitnehmer wurden die Variablen Bildung und Alter verwendet. Daneben wurden auch arbeitsplatzspezifische Merkmale zur Charakterisierung der Beschäftigungsverhältnisse einbezogen. Dies wurde hauptsächlich anhand der Variablen Wirtschaftssektor und Betriebsgröße vollzogen.

So zeigte sich ein enger Zusammenhang zwischen dem Qualifikationsniveau der Beschäftigten und ihrem individuellem Befristungsrisiko. Mittlere berufliche Ausbildungsabschlüsse führten demnach am seltensten zu befristeten Verträgen. Dagegen waren niedrig qualifizierte Arbeitskräfte überdurchschnittlich oft in dieser Erwerbsform vertreten. Beschäftigte mit mittlerem allgemeinen oder hohem Qualifikationsniveau waren allerdings ebenso überdurchschnittlich vertreten, teilweise sogar noch häufiger als Niedrigqualifizierte.

Auch der Effekt des Alters zeichnete sich insbesondere für junge Arbeitnehmer als Risiko ab, nur befristete Beschäftigungen zu bekommen. Für ältere Arbeitnehmer bestehen zwar ähnliche Risiken, allerdings nur in Form eines leichten Anstieges der Befristungswahrscheinlichkeit. Der Effekt des Alters, der sich in den Ergebnis-

---

[83] Giesecke/Groß (2006) S. 249 - 254
[84] nach Angaben von Schreyer (2000) zur BIBB/IAB-Erhebung vom Winter 1998/99 zeigen die Ergebnisse bzgl. Qualifikationsniveau und Alter der Betroffenen für Gesamtdeutschland in die gleiche Richtung.

sen von Giesecke und Groß abzeichnete, wird durch die Zahlen des Statistischen Bundesamtes bestätigt.[85]

Für die Ergebnisse bezüglich der Wirtschaftssektoren lässt sich zusammenfassend sagen, dass der Bereich der Öffentliche Dienste im Zeitraum der Erhebung mehr befristete Stellen hervorgebracht hat als die privatwirtschaftlichen Branchen. Dabei wurde im Dienstleistungssektor ein wenig öfter befristet eingestellt als in industriellen Branchen.

Befristet Beschäftigte waren häufiger in mittleren und Großbetrieben eingesetzt. Dagegen waren sie in Kleinbetreiben selten zu finden, was jedoch den speziellen Regelungen im Kündigungsschutz in solchen Betrieben zuzuschreiben sei.[86]

12.5 Effekte auf die berufliche Mobilität

Die Frage nach den Effekten befristeter Beschäftigungsverhältnisse auf die berufliche Mobilität ist inzwischen schon des Öfteren untersucht worden. Von Oschmiansky und Oschmiansky wurden die Ergebnisse einiger dieser Studien zusammengetragen. Diese und die Ergebnisse von Giesecke und Groß [87] sollen im Folgenden dargestellt werden.

Nach den Untersuchungen von Giesecke und Groß konnten etwa zwei Drittel der befristet Beschäftigten nach 3 Jahren in ein unbefristetes Beschäftigungsverhältnis wechseln. Die befristete Beschäftigung stellt somit für viele eine Übergangsbeschäftigung in unbefristete Arbeitsverhältnisse dar.[88] Alda kam diesbezüglich für die Jahre 2000 und 2002 jedoch zu anderen Ergebnissen, nur rd. 24 %

---

[85] Statistischen Bundesamtes (2005) S. 1
[86] Laut Oschmiansky/Oschmiansky (2003) S. 33 kommt Alda, Holger (2002) in seiner Untersuchung mit dem IAB-Betriebspanels zu den gleichen Ergebnissen.
[87] Die Datengrundlage bildete das SOEP.
[88] Giesecke und Groß (2006) S 248 – 254 machen jedoch darauf aufmerksam, dass damit noch keine Aussagen über die Qualität und Stabilität der erlangten unbefristeten Beschäftigung getroffen wurde.

im Westen und 17% im Osten Deutschlands konnten in eine unbefristete Stelle wechseln.

Bei den unbefristeten Beschäftigten zeigten Giesecke und Groß, dass 80% der Frauen und 88% der Männer mit unbefristeten Stellen auch weiterhin in unbefristeten Beschäftigungsverhältnissen blieben.

Immerhin rd. 15% der Frauen und 21% der Männer in befristeten Beschäftigungsverhältnissen bleiben in dieser Erwerbsform. Die Integration in eine unbefristete Beschäftigung hat bei ihnen nicht stattgefunden. Die Befunde der multivariaten Berechnungen von Giesecke und Groß, die individuelle und arbeitsplatzbezogene Merkmale untersuchten, ergaben, dass von den Erwerbsformen selbst das Risiko der Befristungsketten ausgeht. Die Privatwirtschaft und ganz besonders der öffentliche Dienst sind für die Beschäftigten mit einem erhöhten Risiko behaftet. Die Gefahr der Befristungsketten nimmt nach diesen Untersuchungsergebnissen mit dem Alter der Beschäftigten ab.

Nachgewiesen wurde auch ein erhöhtes Arbeitslosigkeitsrisiko, das von befristeten Arbeitsverhältnissen ausgeht. Insbesondere auf Männer trifft dies zu. Im dreijährigen Beobachtungszeitraum sind sie rd. 8,1% öfter aus der Befristung in die Arbeitslosigkeit übergegangen als unbefristete Arbeitnehmer. Giesecke und Groß wandten auch hier multivariate Verfahren an. Im öffentlichen Dienst wurde ein auffallend hohes Arbeitslosigkeitsrisiko unter männlichen wie weiblichen befristet Beschäftigten gefunden. Bei weibliche Erwerbstätigen hängt das Arbeitslosigkeitsrisiko vor allem vom Bildungsniveau ab. Als besonders unsicher erwies sich die Situation niedrig qualifizierter Frauen. Für sie ist das Risiko, aus unbefristeten Stellen in die Arbeitslosigkeit zu gelangen, höher als in befristeten Stellen. [89]

12.6 Sozialversicherung

Rein rechtlich betrachtet hat das Kriterium der Befristung in der Regel für die Beschäftigten keinen Einfluss auf den Zugang zur So-

---

[89] Giesecke und Groß (2006) S. 247 - 254

zialversicherung. Es bestehen in dieser Hinsicht keine Unterschiede zu einem Normalarbeitsverhältnis. Trotzdem hat diese Erwerbsform erhebliche Konsequenzen für die soziale Sicherung der Beschäftigten. So machen Klammer und Leiber darauf aufmerksam, dass durch Befristungen die Regelungen des Elternzeitgesetzes unterlaufen werden können. Mit einem Wegfall der Beschäftigungsgarantie werden demnach die Risiken der Elternschaft auf die Eltern bzw. Mütter abgewälzt, was zum Aufschub oder zum Verzicht auf Elternschaft führen kann.

Durch die Rentenreform 2001 wurden die Voraussetzungen der Unverfallbarkeit von Anwartschaften auf betriebliche Alterssicherungen reduziert. Trotzdem soll es für befristet Beschäftigte immer noch Mängel bei dem Zugang zu Betriebsrentensystemen geben. Dies gilt für die Portabilität der Versorgungsanwartschaften bei Arbeitsplatzwechseln, obwohl diese 2005 durch das Alterseinkünftegesetz erweitert wurde. Für interne Durchführungen (Direktzusage und Unterstützungskasse) gilt nämlich, dass die Weiterführung der Beiträge nach einem Arbeitgeberwechsel an das Einvernehmen aller Beteiligten gebunden ist.[90]

12.7 Bewertung

Zunächst ist festzuhalten, dass befristete Beschäftigungen in Deutschland kein Massenphänomen sind. Die Wahrscheinlichkeit, eine befristete Stelle zu erhalten, variiert vor allem mit dem Qualifikationsniveau und dem Alter der Beschäftigten. Nach den Untersuchungsergebnissen von Giesecke und Groß (s.o.) häuften sich die befristeten Stellen unter niedrig und hoch qualifizierten Arbeitskräften. Besonders auffällig ist die seit Jahren festzustellende hohe Verbreitung unter jungen Arbeitnehmern.[91] Letzteres belegt deutlich den für Berufsanfänger erschwerten Einstieg in den Arbeitsmarkt. Sie stehen folglich verstärkt unter dem Druck, zeitlich befristete Arbeitsverhältnisse eingehen zu müssen. Kritisch zu sehen ist auch die Häufung unter niedrig qualifizierten Arbeitskräften, da Befristungen auch nach Einschätzungen von Mayer-Ahuja überdurchschnitt-

---

[90] Klammer und Leiber (2006) S. 289
[91] Siehe Zahlen der BA

lich oft mit niedrigen Löhnen einhergehen.[92] Es scheinen mittlere und große Betriebe, die Privatwirtschaft und besonders auch der öffentliche Dienst gezielt von befristeten Stellen Gebrauch zu machen, um die Arbeitskosten zu senken.

Dass befristete Beschäftigungsverhältnisse nicht im Interesse der Beschäftigten sind, erscheint selbstverständlich. So ist es auch nicht verwunderlich, dass laut Blanke vier Fünftel aller befristeten Arbeitsverträge auf Initiative des Arbeitgebers abgeschlossen werden.[93]

Zwar gelingt einem Teil (laut Giesecke und Groß rd. zwei Drittel) der Betroffenen der Wechsel in eine unbefristete Stelle,[94] doch gehen mit dieser Erwerbsform auch Risiken einher, die sich nicht den individuellen Eigenschaften der Betroffenen zuschreiben lassen. So wird die Bildung unsicherer Erwerbsbiografien durch befristete Stellen begünstigt. Erhöhte Arbeitslosigkeits- und Wiederbefristungsrisiken wurden bereits mehrfach nachgewiesen. Der Gesetzgeber hat mit der Aufnahme des sog. Anschlussverbotes auf die Gefahr derartiger Befristungsketten reagiert.

Aufgrund der seit den 1970er Jahren steigenden Arbeitslosigkeit verstärkten sich die Forderungen nach einer Deregulierung des Kündigungsschutzes. Aus diesen Gründen wurde 1985 das Beschäftigungsförderungsgesetz („Gesetz zur erleichterten Befristung von Arbeitsverträgen") verabschiedet. Erwartet wurde, dass befristete Beschäftigungsverhältnisse Brücken in unbefristete Beschäftigungen bilden würden. Außerdem seien für Arbeitslose befristete Arbeitsstellen besser als gar keine. In das TzBfG, das am 1.1.2001 in Kraft trat, wurden wesentliche Regelungen und Vorstellungen übernommen. Dieses Gesetz stärkt aber auch die Rechte der Betroffenen. So sollten die berufliche Entwicklung und Mobilität sowie die Chancen auf einen Dauerarbeitsplatz verbessert werden. Dies beweist zumindest ein gewisses Problembewusstsein auf der Seite des Gesetzgebers.

---

[92] Mayer-Ahuja (2003) S. 51 ff.
[93] Blanke (2007) S. 75
[94] Über die Quoten gibt es unterschiedliche Angaben, s.o.

Für Arbeitslose kann diese Beschäftigungsform tatsächlich eine Chance zur Reintegration in den Arbeitsmarkt bedeuten. Ob allerdings wirklich positive Beschäftigungseffekte durch befristete Beschäftigungen eingetreten sind, ist ungewiss und nicht eindeutig empirisch belegbar.[95]

Aus der Sicht der Arbeitnehmer ist das arbeitsmarktpolitische Instrument der Befristung im Allgemeinen als nachteilig zu betrachten. Unsichere Erwerbskarrieren und verminderte Einkommenschancen verdeutlichen die geschwächte Verhandlungsposition der Betroffenen am Arbeitsmarkt.

Letztendlich sind befristete Beschäftigungsverhältnisse mit einem hohen Maß an materieller, rechtlicher und betrieblicher Prekarität verbunden. Materielle Prekarität besteht allein durch das überdurchschnittliche Vorkommen in unteren Einkommensbereichen. Sicher befinden sich unter den Befristeten auch Spitzenverdiener, wie sie beispielsweise unter Managern zu finden sind. Jedoch handelt es sich hier um Ausnahmen. Außerdem ist deren finanzielle Ausstattung meist so gut, dass Zeiten der Arbeitslosigkeit ohne unmittelbare Gefährdung überbrückt werden können. Verdienstmöglichkeiten über einen befristeten Zeitraum machen eine langfristige Finanzplanung unmöglich. Dies trifft besonders bei zweckbefristeten Arbeitsverträgen zu, wie sie unter Saisonarbeitern oder bei Schwangerschaftsvertretungen üblich sind. Eine Übernahme in den Betrieb oder eine neue Beschäftigung im Anschluss sind in keinem Fall garantiert. Zu Armut müssen sie dennoch nicht zwingend führen, wenn der Verdienst anderer z.B. Familienmitglieder genug zum Haushaltseinkommen beitragen kann. Bricht diese Stütze jedoch weg, so ist für viele die Sicherung des Lebensunterhaltes nicht mehr möglich. Ein weiterer Aspekt der Benachteiligung besteht in Defiziten bei der Rentenversicherung und der betrieblichen Altersvorsorge, sie resultieren aus den unstetigen Erwerbsbiografien.

---

[95] Vgl. Giesecke und Groß (2006) S. 254

Die Ungewissheit über das Fortbestehen des Arbeitsverhältnisses ist für einige Autoren das bedeutendste Prekaritätskriterium der atypischen Erwerbsformen.[96] Hierin spiegelt sich gerade die rechtliche Prekarität wider. Mit der vorweggenommenen Kündigung werden wichtige Elemente des Kündigungsschutzgesetzes umgangen. Die übrigen Benachteiligungen der „atypischen Erwerbsformen" hinsichtlich der zunehmend mangelnden Einbeziehung in die Regulierungen von Betriebsvereinbarungen, in tarifliche oder gesetzliche Leistungen kommen auch hier zum Tragen, da diese oft an eine Mindestbeschäftigungsdauer geknüpft sind.

Genauso realisiert sich das betriebliche Prekaritätspotential, indem eine Integration in die Kollegialität der Stammbelegschaft aufgrund des kurzen Arbeitseinsatzes erschwert wird.

Die befristeten Erwerbsformen gehören zu den atypischen Beschäftigungsverhältnissen, die im Vergleich zum Normalarbeitsverhältnis für die Beschäftigten i.d.R. ausschließlich Nachteile entstehen lassen.

---

[96] Mayer-Ahuja (2003) S. 53

13. Geringfügige Beschäftigung und Beschäftigung im Niedriglohnsektor

Die geringfügige Beschäftigung und teilweise auch die Beschäftigung im Niedriglohnsektor werden der Teilzeitbeschäftigung zugeordnet. Die Bestimmungsgrößen für die Beschäftigungsmodelle liegen vor allem im Bereich der Vorschriften für die Sozialversicherung (SGB IV). Daraus ergeben sich für die Betroffenen Konsequenzen, die eine eigenständige Betrachtung erfordern. Außerdem sei darauf hingewiesen, dass beide Beschäftigungsmodelle Bezugspunkte in der Kombi- und Mindestlohndebatte bilden. Diese Thematik wird im Anschluss an dieses Kapitel aufgegriffen.

13.1 Dimensionen und Strukturmerkmale der geringfügigen Beschäftigung

Der Bedeutungszuwachs der Teilzeitbeschäftigung bezieht sich auch auf die geringfügige Beschäftigung. 2005 lag der Anteil an der Bevölkerung im erwerbsfähigen Alter bei 15%. Hiervon sind rd. 5,5 Prozentpunkte den geringfügig Beschäftigten zuzuordnen. Die geringfügige Beschäftigung (ohne Nebenerwerbstätigkeit) hat einen erheblichen Bedeutungszuwachs erfahren. 1991 lag der Anteil unter den Personen im erwerbsfähigen Alter bei rd. 1,5%. 2005 war dieser Anteil auf rd. 5,5% angestiegen. Von 2004 auf 2005 gab es einen sprunghaften Anstieg von rd. 0,9%.[97]

Laut der BA waren Ende Dezember 2005 von 26,206 Mio. sozialversicherungspflichtig Beschäftigten 6.739.000 in einer geringfügigen Beschäftigung. Davon übten 1,846 Mio. zusätzlich zu ihrer sozialversicherungspflichtigen Haupttätigkeit einen Minijob aus und 4,893 Mio. Personen waren ausschließlich geringfügig entlohnt. 946.000 Arbeitnehmer haben die Midijob-Regelung in Anspruch genommen.[98]

---

[97] Oschmiansky (2007) S. 13; Siehe *Abb. 1*. Allerdings wurde auch das Erhebungsverfahren des Mikrozensus seit dem Erhebungsjahr 2005 verändert, so werden jetzt auch sporadisch oder nebentätig geringfügig Beschäftigte erfasst.

[98] BA (2007a) S. 4

Im Vergleich sind Frauen öfter geringfügig beschäftigt als Männer. Im Jahr 2005 waren rd. 2,4% der Männer und rd. 8,5% der Frauen im erwerbsfähigen Alter geringfügig beschäftigt.[99] Nach Angaben der BA gab es einen Frauenanteil von rd. 67,1% unter den geringfügig entlohnten Beschäftigten. Er betrug unter den Nebenjobbern rd. 56,9%. Bei den Minijobs lag der Frauenanteil mit rd. 75,2 % ebenfalls sehr hoch.[100]

Laut Brand ergaben Befragungen des Rheinisch-Westfälischen Instituts für Wirtschaftsforschung aus dem Jahr 2003 differenzierte Angaben über den Erwerbsstatus der Mini- und Midi-Jobber. Zu rd. 15% stammen sie aus der Arbeitslosigkeit, rd. 58% sind Schüler, Studenten, Rentner und Hausfrauen und zu fast ein Drittel stammt aus zuvor bereits Erwerbstätigen (rd. 14% aus geringfügiger Beschäftigung, rd. 9% mit Einkommen bis 800 Euro und 16,5% mit Einkommen über 800 Euro).[101]

Unter den Wirtschaftszweigen dominiert vor allem die Dienstleistungsbranche. Laut Bäcker sind mehr als zwei Drittel aller geringfügig Beschäftigten im Handel, im Gastgewerbe und im Grundstücks- und Wohnungswesen tätig. Werden die Nebenbeschäftigten hinzugerechnet, sind in den Bereichen Privathaushalte, Reinigungsgewerbe und Gastronomie mehr Minijobber als Sozialversicherungspflichtige tätig.[102]

13.2 Geringfügige Beschäftigung und Beschäftigung in der Gleitzone

Durch das zweite Gesetz für Moderne Dienstleistungen am Arbeitsmarkt, das am 1.4.2003 in Kraft trat, wurde die geringfügige Beschäftigung neu definiert. Grundsätzlich sind alle Beschäftigungsverhältnisse, bei denen ein Arbeitsentgelt entrichtet wird, sozialversicherungspflichtig. Jedoch bilden die geringfügigen Beschäftigungsformen bzw. Minijobs aus dem SGB IV eine Ausnahme. Sie sind für die Arbeitnehmer sozialversicherungsfrei. Im Unterschied

---

[99] Oschmiansky (2007) S. 13; Siehe *Abb. 2 u. 3*
[100] Bundesagentur für Arbeit (2007a) S. 10
[101] Brand (2006) S. 448
[102] Bäcker (2006) S. 256 und BA (2007a) S. 4

hierzu betragen die Aufwendungen zur Sozialversicherung in einem „normalen" Arbeitsverhältnis über 40%.[103] Durch die Erwirtschaftung höherer monatlicher Arbeitsentgelte geht die Sozialversicherungsfreiheit verloren. Zwischen dem „normalen" Arbeitsverhältnis mit seinem hohen Sozialversicherungsbeitrag und den sozialversicherungsfreien Beschäftigungen wurde beim Überschreiten der Grenze zum sozialversicherungspflichtigen Beschäftigungsverhältnis eine sog. Gleitzone definiert – man spricht hier auch vom sog. Midi- oder Niedriglohnjob. Eine monatliche Arbeitsstundengrenze existiert dabei nicht mehr.

Ziel des Gesetzgebers war die Ausweitung von Arbeitsplätzen im Niedriglohnbereich, um so eine Arbeitsmarktintegration von niedrigqualifizierten Arbeitslosen zu erreichen. Es sollten auch im Bereich der privaten Haushalte Beschäftigungspotentiale erschlossen werden, indem Anreize zur Überführung der dort weit verbreiteten Schwarzarbeit in legale Dienstleistungen geschaffen wurden.

13.2.1 Varianten geringfügiger Beschäftigung

Aus § 8 SGB IV ergeben sich drei Modelle der geringfügigen Beschäftigung. Sie gehen mit unterschiedlichen Regelungen zur Sozialversicherung einher. Durch diesen Paragrafen werden verschiedene Erwerbskonstellationen geregelt.

13.2.1.1 Geringfügig entlohnte Beschäftigung

Der „klassische" Mini-Job ist eine geringfügig entlohnte Beschäftigung. Wenn das regelmäßige monatliche Arbeitsentgelt 400 Euro nicht übersteigt, bleibt für den Arbeitnehmer das Arbeitsverhältnis sozialversicherungsfrei (§ 8 Abs. 1 Nr. 1 SGB IV).

Der Arbeitgeber hat Pauschalbeiträge von bis zu 30,1 % des Entgeltes an die Rentenversicherung (hier an die Bundesknappschaft als Ausführungsorgan) zu zahlen. Sie fallen für Steuer, Renten-, Krankenversicherung und Umlagen zum Ausgleich der Arbeitgeberaufwendungen bei Krankheit und Mutterschaft an.[104] Eine

---

[103] Däubler (2006) S. 326, Rn. 1113
[104] Deutsche Rentenversicherung Knappschaft-Bahn-See (2007)

Abwälzung der Sozialversicherungsbeiträge auf den Arbeitnehmer ist in jedem Fall ordnungswidrig (§ 111 Abs. 2 SGB IV). Die Melde- und Betragspflicht für geringfügige Beschäftigungsverhältnisse besteht gegenüber der Minijob-Zentrale (Deutsche Rentenversicherung Knappschaft-Bahn-See). Unabhängig davon besteht eine Beitragspflicht zur gesetzlichen Unfallversicherung.

13.2.1.2 Geringfügige Beschäftigung in Privathaushalten

Die geringfügige Beschäftigung in Privathaushalten nach § 8a SGB IV wird vom Gesetzgeber begünstigt, um so zusätzliche Arbeitsplätze zu erschließen. Für den Arbeitgeber beträgt die Pauschalabgabe deshalb nur maximal 13,7 Prozent.[105]

13.2.1.3 Kurzfristige Beschäftigung

Unter der kurzfristigen Beschäftigung werden sog. Gelegenheits- und Aushilfstätigkeiten oder kurzfristige Minijobs verstanden. Gemäß § 8 Abs. 1 Nr. 2 SGB IV müssen sie innerhalb eines Kalenderjahres auf längstens zwei Monate oder 50 Arbeitstage begrenzt sein. Ebenfalls dürfen sie nicht berufsmäßig ausgeübt werden, um noch sozialversicherungsfrei zu sein.

Allerdings darf hier die 400-Euro-Grenze überschritten werden, ohne dass die Sozialversicherungsfreiheit verloren geht. In vielen Fällen entfallen sogar die Pauschalabgaben für die Arbeitnehmer.

13.2.1.4 Mögliche Beschäftigungskonstellationen

Arbeitnehmer, die keiner versicherungspflichtigen Hauptbeschäftigung nachgehen, können mehrere 400-Euro-Minijobs bei verschiedenen Arbeitgebern ausüben. Das Arbeitsentgelt aus diesen Beschäftigungen wird (mit Ausnahme von kurzfristigen Beschäftigungen) addiert. Wird dadurch die 400-Euro-Grenze überschritten, entfällt die Sozialversicherungsfreiheit.

Es ist ebenso möglich, neben einer versicherungspflichtigen Hauptbeschäftigung einem 400-Euro-Minijob nachzugehen. Kombination von einem 400-Euro-Minijob mit Entgelten aus Wehrdienst,

---

[105] Deutsche Rentenversicherung Knappschaft-Bahn-See (2007)

Zivildienst, der Agentur für Arbeit oder in der Elternzeit sind ebenfalls zulässig. Die Ausübung mehrerer 400-Euro-Minijobs führt zu einer Zusammenrechnung der Entgelte mit der Hauptbeschäftigung, was in der Regel zur Souialversicherungspflicht führt.

13.2.2 Beschäftigung in der Gleitzone – der Midijob

Nach altem Recht bestand eine Schwellenproblematik bei Überschreitung der Geringfügigkeitsgrenze. Sie hatte den sprunghaften Anstieg der Sozialversicherungsbeiträge auf die volle Beitragshöhe zur Folge. Nach § 20 Abs. 2 SGB IV im aktuellen Recht ist eine Gleitzone zwischen 400,01 bis 800 Euro eingerichtet worden. Der Übergang in die Gleitzone bzw. in den sog. Midijob lässt nun die arbeitnehmerbelastenden Beiträge „gleitend" ansteigen. Derzeit rangieren die so angepassten Beitragsanteile in einer Spanne von rund 4% bis max. 21%. Damit verbleibt den Betroffenen mehr von ihrem Entgelt.[106] Die Berechnungsformel ist in § 344 Abs. 4 SBG III zu finden, wobei weitere gesetzestechnisch komplexe Regelungen folgen. Arbeitgeber profitieren von dieser Regelung erst einmal nicht, sie haben derzeit ca. 21% des tatsächlichen Arbeitsentgelts abzuführen. Die Abwicklung der Midijobs liegt bei der jeweiligen Krankenkasse des Arbeitnehmers.

13.3 Sozialversicherung

Geringfügig Beschäftigte zahlen also keine Beträge zur AV und PV. Deshalb erhalten sie auch keine Leistung bei Arbeitslosigkeit oder im Pflegefall. Aufgrund der geringen Einkommen wären die Leistungen der AV sowieso nicht existenzsichernd und weit unter dem ALG II (was Minijobber wiederum erhalten können) anzusiedeln. In den Fällen, in denen geringfügig Beschäftigte bei ihren Ehepartnern mitversichert sind, erwerben sie auch Ansprüche auf Pflegeleistungen.

Rentenansprüche werden in allen Varianten nur in sehr geringem Maße aufgebaut. Hinzu kommen Einschränkungen im Leistungsspektrum der GRV. Rehabilitationsleistungen, vorgezogene Altersrenten oder Renten wegen verminderter Erwerbsfähigkeit ste-

---

[106] Deutsche Rentenversicherung Knappschaft-Bahn-See (2007a)

hen geringfügig Beschäftigten nicht zu. Mit einer neuen Regelung erhalten seit dem 1. Januar 2007 Minijobber die Möglichkeit, mit relativ niedrigen freiwilligen Eigenbeiträgen (zur zeit 4,9% des Arbeitsentgeltes[107]) vollwertige Rentenansprüche aufzubauen. Wie dieser Verzicht auf die Rentenversicherungsfreiheit genutzt werden wird, muss sich allerdings noch zeigen.

Mit einer geringfügigen Beschäftigung erwerben Minijobber keine Ansprüche in der GKV. Sie haben demnach auch kein Recht auf Leistungsbezüge, wenn sie nicht vorher schon GKV-Mitglied oder in einer Familienversicherung mitversichert waren. Klammer und Leiber machen auf Studien aufmerksam, die einen inzwischen steigenden Anteil an geringfügig Beschäftigten festgestellt haben, die nicht pflicht- oder familienversichert sind. Es wir angenommen, dass sich dieser Personenkreis aufgrund seines geringen Einkommens keine Krankenversicherung leisten kann oder will.[108]

Wie schon erwähnt, wird eine Beschäftigung bei Eintritt in die Gleitzone (Midijob) sozialversicherungspflichtig. Die Beiträge steigen hier gleitend an. Trotz dieser Regelung besteht weiterhin eine Schwellenproblematik. Brandt verdeutlicht dies an einer Beispielrechnung. 2006 verringerte sich bei 401 Euro das Nettoeinkommen für verheiratete Midijobber der Steuerklasse V auf rd. 334 Euro. Für ledige Midijobber lag der maximale Nettoverdienst bei 624 Euro von 800 Euro brutto. Von der Minijob-Zentrale wird darauf hingewiesen, dass auch Midijobber den reduzierten Beitragssatz zur Rentenversicherung auf den vollen Beitragssatz (19,9 %) aufstocken können, um sich so die Ansprüche auf alle Leistungen der GRV sichern zu können.

13.4 Bewertung

Eine Bewertung der Mini- und Midijobs in ihren Auswirkung auf die Beschäftigten ist nicht einfach. Die Gründe dafür liegen in der breiten Streuung der Beschäftigungsmodelle unter verschiedenen Arbeitnehmergruppen und in den unterschiedlichen gesetzli-

---

[107] Dieser Betrag ergibt sich aus der Differenz des Pauschalbeitrages des Arbeitgebers und dem allgemeinen Beitragssatz.
[108] Greß (2005) S. 6 nach Klammer/Leiber (2006) S. 289

chen Regelungen. Folglich bestehen auch massive Differenzen in der sozialen Sicherung der Betroffenen.

Für den massiven Anstieg der Teilzeitbeschäftigung scheint die geringfügige Beschäftigung verantwortlich zu sein. Sie verbreitete sich nach dem Inkrafttreten des zweiten Gesetztes für moderne Dienstleistungen am Arbeitsmarkt. Einige Experten vermuten, dass sich der Rückgang bei der sozialversicherungspflichtigen Teilzeit aufgrund von Substitutions- und Verdrängungseffekten auf die Entwicklung der geringfügigen Beschäftigung zurückführen lässt.[109]

Die geringe Verbreitung der sozialversicherungspflichtigen Midijobs ist vor allem auf die nicht behobene Schwellenproblematik beim Einstieg in die Beiträge zur Sozialversicherung zurückzuführen. Sie gehen auch mit einem Anstieg des Verwaltungsaufwandes für den Arbeitgeber einher. Der wünschenswerte Einstieg (Integration) in eine sozialversicherungspflichtige Beschäftigung ist deshalb für Arbeitgeber und Arbeitnehmer unattraktiv gestaltet worden. Zu erwähnen ist, dass ein großer Teil der Midijobs in Form von regulären Teilzeitbeschäftigungsverhältnissen ausgeübt wird.

Die geringfügige Beschäftigung hat im Bereich der Sozialversicherungen erhebliche Defizite. In der AV und PV entstehen keine Ansprüche und die Rentenansprüchen fallen nur sehr gering aus. Von der Möglichkeit, die Rentenversicherung auf den vollen Beitragssatz aufzustocken, haben bis Anfang des Jahres weniger als rd. 10% der Fälle Gebrauch gemacht.[110] Ob sich mit der Neuregelung vom 1. Januar 2007 die Zahlen diesbezüglich ändern werden, muss sich noch zeigen. Allein schon aufgrund dieser Defizite wäre die geringfügige Beschäftigung in materieller Hinsicht als prekär einzustufen. Diese Einschätzung wird durch die Limitierung des möglichen Einkommens auf 400 Euro noch gestärkt, da eine Überschreitung dieser Einkommensgrenze immer noch die Schwellenproblematik mit sich bringt. Ein solcher Verdienst ist nicht existenzsichernd. Kalina und Weinkopf kommen in ihren Auswertungen zu

---

[109] siehe Friedrich-Ebert-Stiftung (2006) S. 33 und Brandt (2006) S. 448
[110] Klammer/Leiber (2006) S. 289

dem Ergebnis, dass die geringfügige Beschäftigung mit rd. 48,5% knapp die Hälfte aller Niedriglohnbeschäftigten stellt. Es liegt ein extrem hoher Niedriglohnanteil von rd. 85,8% bei den Minijobbern vor. Dabei arbeiten rd. 50% der Befragten für Stundenlöhne von unter 7,38 € in West- bzw. 5,37 € in Ostdeutschland.[111]

Die Fluktuationsrate innerhalb der geringfügigen Beschäftigung ist mit rd. 63% mehr als doppelt so hoch wie die der sozialversicherungspflichtigen Beschäftigung, welche bei rd. 29% anzusiedeln ist.[112] Demnach bietet die geringfügige Beschäftigung eine geringere Beschäftigungsstabilität. So erhöht sich das Arbeitslosigkeitsrisiko, die materielle Prekarität und es verschlechtern sich die ohnehin schon ungünstigen Chancen auf die „Privilegien" einer Integration in die Belegschaft. Bäcker weist daraufhin, dass tarifliche Standards oft in großem Umfang nicht eingehalten werden bzw. nicht existieren. Dies soll das Entgelt (Grundvergütung, Sonderzahlungen und Zuschläge) wie auch Vereinbarungen zum Urlaub, Kündigungsschutz, betriebliche Sozialleistungen und Altersvorsorge betreffen. Auch arbeitsrechtliche Regelungen sollen nur begrenzt in Anspruch genommen werden.[113] Genauso berichtet Bäcker von Beobachtungen der Minijob-Zentrale, dass die von den Arbeitgebern zu entrichtende Pauschalsteuer in vielen Fällen in ordnungswidriger Weise auf die Arbeitnehmer abgewälzt wurde. Arbeitsrechtlich betrachtet gelten für geringfügig Beschäftigte und Beschäftigte im Niedriglohnbereich die üblichen Arbeitnehmerrechte. Es ist jedoch eine Etablierung von illegalen Praktiken in erheblichem Maße festzustellen. Dieser Umstand prekarisiert die Beschäftigungsmodelle erheblich. Es ist somit nicht verwunderlich, dass Bäcker Minijobs als „Beschäftigung zweiter Klasse"[114] bezeichnet.

Für den großen Teil der geringfügig Beschäftigten erscheint diese Prekarität als relativ unproblematisch, da es sich um Schüler, Studenten, Rentner und nebenerwerbstätige Vollzeitbeschäftigte

---

[111] Kalina/Weinkopf (2006) S. 6
[112] Kalina/Voss-Dahm (2005) S. 3
[113] Dies gilt besonders für Entgeltfortzahlungen im Krankheitsfall, gesetzliche Erholungsurlaube, Feiertagsvergütungen, den Kündigungsschutz und Elternzeiten.
[114] Bäcker (2006) S. 261

handelt. Sie sind in der Regel anderweitig finanziell und sozial abgesichert. Das Einkommen wird von ihnen oft als Zuverdienst begriffen. Als besonders günstig ist der Minijob beispielsweise für nebenerwerbstätige Vollzeitbeschäftigte anzusehen, da im Unterschied zu einem Mehrverdienst aus Überstunden oder Arbeitszeitverlängerung keine Abzüge vom Mehrverdienst anfallen. Die hohe Verbreitung der Minijobs bei den genannten Gruppen ist unter diesen Gesichtspunkten nicht weiter verwunderlich.

Kritischer zu bewerten ist die Situation, in der sich die haupterwerbstätigen geringfügig Beschäftigten befinden. Sie sind gar nicht oder nur zum Teil über ihre Lebenspartner oder Angehörigen abgesichert. Die Tatsache, dass dieses Beschäftigungsmodell nur in Kombination mit Transferleistungen existenzsichernd ist, führt besonders bei der großen Gruppe der Verheirateten zur Abhängigkeit vom Lebenspartner. Eine eigenständige soziale Absicherung für das Alter und den Fall der Arbeitslosigkeit besteht nicht. In diesen Fällen entfaltet sich das volle Prekarisierungspotential dieser Beschäftigungsform.

Die geringfügige Beschäftigung sollte besonders für Arbeitslose eine Brückenfunktion zum ersten Arbeitsmarkt erfüllen. Nebenbei sollten auch die Partizipationschancen für Frauen, z.B. nach einer Erziehungspause, gefördert werden. Die Branchen, in denen die meisten geringfügig Beschäftigten gezählt wurden (s.o.), ist der Anteil der sozialversicherungspflichtig Beschäftigten extrem gering und der Anteil der Geringqualifizierten und Frauen besonders hoch. Minijobs zeigen sich also bei einer branchenspezifischen Betrachtung als berufliche Sackgasse. Brand weist darauf hin, dass die meisten geringfügig Beschäftigten, und besonders Frauen mit Kindern, wesentlich länger arbeiten wollen, als es ihnen in diesen Beschäftigungsverhältnissen möglich ist. Durchschnittlich liegt die Wochenarbeitszeit bei ca. 7 Stunden, allerdings sollen die Arbeitszeitwünsche im Westen 13,3 Stunden und im Osten 23,8 Stunden betragen.[115] Für Arbeitslose bedeutet der geringe Umfang an sozialversicherungspflichtigen Stellen und der hohe Konkurrenzdruck, dass sie nur geringe Chancen auf einen Minijob haben und dass kaum

---

[115] Brand (2006) S. 449

Chancen auf einen Übergang in ein reguläres Arbeitsverhältnis bestehen. Für Arbeitslosengeldempfänger kommt erschwerend hinzu, dass sich für sie aufgrund der bestehenden Anrechnungsregeln Mini- und Midijobs kaum lohnen. Dies erklärt auch den geringen Anteil der Arbeitslosen unter den geringfügig Beschäftigten.

Beide Beschäftigungsmodelle weisen jedoch einen sehr hohen Frauenanteil auf. Somit gelang zumindest eine bessere Partizipation von Frauen am Arbeitsmarkt.

Wegen der ernüchternden Bilanz der Brückenfunktion und der voraussehbaren Mitnahmeeffekte, u.a. durch Nebenerwerbstätige, bezeichnet Bäcker die Erwartungen der Hartz-Kommission und der Bundesregierung berechtigt als von vornherein verfehlt.

Zum Abschluss soll auf die Relevanz der Beschäftigungsmodelle Mini- und Midijob für das folgende Kapitel hingewiesen werden. Mini- und Midijob sind zu einem markanten Bezugspunkt für die Mindestlohn- und Kombilohndebatten geworden. Ihre Bedeutung für die Mindestlohndebatte ist aufgrund ihrer hohen Niedriglohnanteile nicht weiter verwunderlich. Die Relevanz in der Kombilohndebatte ergibt sich aus der Orientierung der Kombilohnmodelle am Niedriglohnsektor und ihrem Ziel der Arbeitslosigkeitsbekämpfung. Brand und Bäcker weisen darüber hinaus daraufhin, dass durch die Mini- und Midijobs in Deutschland bereits Kombilöhne weit verbreitet sind. Sie sehen in der Reduktion der Sozialversicherungsabgaben einen Subventionsvorteil für Arbeitnehmer und Arbeitgeber. Dieser betrifft beispielsweise Familienversicherte, für die keine oder wenige soziale Sicherungsdefizite entstehen, Privathaushalte sowie die entfallenden GKV-Beiträge auf der Arbeitgeberseite.[116]

---

[116] Brand (2006) S. 446 ff.; Bäcker (2006) S. 255

14. Niedriglohnbereich

Der Niedriglohnsektor und seine Entwicklungen sind für die Diskussion um die Kombilohnmodelle und die Mindestlöhne von grundlegender Bedeutung. Aus diesem Grund widmet sich der folgende Abschnitt diesem Arbeitsmarktsegment, bevor die Konzepte des Mindestlohns und der Lohnsubvention behandelt werden.

Die Niedriglohnbeschäftigung hat in den letzten Jahren in Deutschland massiv zugenommen. Gleichzeitig ist auch eine Verfestigung des Sektors festzustellen.[117] Seit den 1990er Jahren war die arbeitsmarktpolitische Debatte durch die Forderung nach einem Niedriglohnsektor bzw. seiner Ausweitung bestimmt. Es ging um die Erschließung von neuen Arbeitsplätzen im Bereich einfacher Tätigkeiten, um die Arbeitslosigkeit zu verringern. Damit verband sich aber auch häufig die Hoffnung auf eine Aufstiegsmobilität in besser bezahlte Tätigkeiten.

Die aktuelle Entwicklung in diesem Arbeitsmarktsegment löste die aktuell geführte Debatte um eine Neuregelung des Niedriglohnbereiches aus. Dieser Problematik wird so viel Bedeutung beigemessen, dass sie Thema im Koalitionsvertrag vom November 2005 ist. Unter den Begriffen Kombilohn und Mindestlohn lassen sich die Konzepte zusammenfassen, welche die aktuelle Diskussion dominieren.[118]

In Anlehnung an den OECD-Standard ist es gängig, Beschäftigte als Niedriglohnverdiener zu bezeichnen, deren Lohn geringer als zwei Drittel des Medianlohns aller Beschäftigten ist.

An dieser Definition orientierten sich auch Kalina und Weinkopf. Auf Grundlage des SOEP 2004 haben sie Auswertungen durchgeführt, nach denen deutschlandweit rd. 20,8% aller abhängig Beschäftigten für Niedriglöhne arbeiten. Dies entspricht einer Per-

---

[117] Brenke (2006) S. 198
[118] FES (2006a) S. 4

sonenzahl von mehr als 6 Mio.[119] Rund 20,5% der westdeutschen und rd. 22,5% der ostdeutschen Beschäftigten sind 2004 im Niedriglohnbereich tätig gewesen. Als Niedriglohnschwellen wurden im Westen 9,83 Euro und im Osten 7,15 Euro pro Stunde festgelegt.[120] Die Auswertungen nach Geschlecht ergaben, dass Frauen mit einem Niedriglohnanteil von rd. 29,6% an der Gesamtwirtschaft häufiger im Niedriglohnsektor vertreten sind als Männer mit einem Anteil von 12,6%. Schon seit langem ist die Problemgruppe der gering Qualifizierten in den niedrigentlohnten Beschäftigungsverhältnissen deutlich überrepräsentiert. Ihr Niedriglohnanteil liegt bei rd. 42,1%. Arbeitnehmer mit einer Berufsausbildung oder einem Hochschulabschluss sind hingegen nur mit Anteilen von rd. 21,5% der niedrig Entlohnten und mit rd. 9,4% aller abhängig Beschäftigten vertreten.

Am stärksten sind die Beschäftigten in Teilzeitbeschäftigung und Minijobs von Niedriglöhnen betroffen. Sie machen rd. 48,5% aller Niedriglohnbeschäftigten aus, dabei beträgt ihr Anteil unter allen abhängig Beschäftigten nur rd. 27,9%. Diese Zahlen zeigen jedoch, dass auch immer mehr Vollzeitbeschäftigte von dieser Problematik betroffen sind. Nach den in den vorangegangenen Kapiteln dargestellten Ergebnissen ist davon auszugehen, dass auch die übrigen atypischen Beschäftigungsformen hier überdurchschnittlich häufig zu finden sind.[121]

Die Ursachen für diese Expansion sind vielfältig. Dennoch wird vor allem der Wandel in der deutschen Tariflandschaft dafür verantwortlich gemacht.[122] Aufgrund seiner Bedeutung für die Mindestlohndebatte wird er hier besonders hervorgehoben. Dieser tarifpolitische Aspekt erklärt, warum sich besonders die Gewerkschaften für die Einführung eines allgemeinen gesetzlichen Mindestlohns

---

[119] Die Auswertungen basieren auf Brutto-Stundenlöhnen, weshalb neben Vollzeittätigen auch eine Einbeziehung von Teilzeit- und geringfügig Beschäftigten ermöglicht wurde. Leider wurden Selbständige, Freiberufler, mithelfende Familienangehörige, Praktikanten und Beschäftigte in Altersteilzeit nicht in die Berechnung mit einbezogen.

[120] Die Niedriglohnschwellen wurden nach dem OECD-Standard von zwei Drittel des Medianlohns (Bruttostundenlöhne) gesetzt

[121] Zahlen aus Kalina und Weinkopf (2006) S. 6 ff.

[122] FES (2006a) S. 30 - 31

stark machen. Es sind allerdings auch andere Ursachen zu berücksichtigen.

In der Vergangenheit konnte noch die Einhaltung akzeptabler Mindeststandards in der Entlohnung für alle Beschäftigten sichergestellt werden. Die hohe Tarifbindung ließ das auf Branchenebene weitgehend zu. Darüber hinaus wurde in der Politik auch großer Wert auf die Freiheit der Tarifpartner gelegt. Derzeit scheinen die Tarifpartner nicht mehr in der Lage zu sein, diese Mindeststandards für alle Beschäftigten geltend zu machen.

So liegt ein erheblicher Rückgang der tariflichen Deckungsrate seit 1990 vor. Rund 30% der westdeutschen und rd. 46% der ostdeutschen Beschäftigten unterlagen 2006 keiner tariflichen Deckung mehr.[123] Weitere Möglichkeiten, die bislang zur Durchsetzung von Mindeststandards bestehen, sind u.a. die Option, Tarifverträge für allgemeinverbindlich erklären zu lassen oder auch die Ausdehnung des Entsendegesetzes. Wie Bosch und Weinkopf aufzeigen, ist ihre Wirkung jedoch begrenzt.

Das Bundesministerium für Arbeit und Soziales kann nach § 5 Tarifvertragsgesetz (TVG) einen Tarifvertrag für allgemeinverbindlich erklären, so dass dieser auch für die bisher nicht tarifgebundenen Arbeitnehmer und Arbeitgeber im jeweiligen Geltungsbereich (Branche) gilt. Dies muss jedoch auf Antrag einer Tarifvertragspartei im Einvernehmen mit einem Ausschuss geschehen, der aus je drei Vertretern der Spitzenorganisationen der Arbeitgeber und der Arbeitnehmer besteht. Diese Vorgaben werden jedoch seit einigen Jahren nicht mehr erfüllt, da die Arbeitnehmer eine entsprechende Zustimmung verweigern. Eine weitere Voraussetzung für eine solche Verbindlichkeitserklärung des Ministeriums besteht in einer 50%igen Tarifbindung der in den Geltungsbereich fallenden Arbeitnehmer. Die Tariflandschaft ist inzwischen erheblich zersplittert, so dass auch diese Forderung kaum noch zu erfüllen ist. Diese Zersplitterung blockiert eine Aushandlung von Mindeststandards in vielen Branchen.

---

[123] FES (2006) S. 37

Die Ausweitung des Entsendegesetzes AEntG vom Baugewerbe auf andere Branchen, wie es der Bundestag am 09.03.2007 nach § 1 AEntG für das Gebäudereinigungshandwerk beschlossen hat, ist prinzipiell ein probates Instrument. Das Gesetz sollte ursprünglich Lohndumping am Bau verhindern, indem das Entsendegesetz auch ausländische Beschäftigte in den Mindestlohntarifvertrag integrierte. So müssen nunmehr auch ausländische Arbeitgeber für diejenigen Arbeitnehmer, die sie nach Deutschland entsenden, die für allgemeinverbindlich erklärten Tarifverträge über Mindestlohn, Erholungsurlaub, Urlaubsentgelt sowie die geltenden Arbeitsschutzvorschriften einhalten. Die Allgemeinverbindlichkeit bedarf keiner weiterer Zustimmung der Tarif- und Vertragspartner und geschieht durch eine Rechtsverordnung. Bosch und Weinkopf weisen allerdings auf die Voraussetzung hin, dass bundesweite Tarifverträge bestehen müssen, um die Einhaltung deutscher Regelungen für ausländische Unternehmen verpflichtend zu machen. Denn diese Voraussetzung trifft nach einer Einschätzung des WSI, auf die sich die Autoren berufen, in mindestens 34 von 40 Wirtschaftsbereichen nicht zu.[124] Anzumerken bleibt jedoch auch, dass das Instrument Selbständige nicht mit einbezieht. Sie dürfen ihre Arbeit deshalb auch weiterhin unter dem tariflichen Mindestlohn anbieten. Auf die Entlohnung von Reinigungskräften in Privathaushalten ist ebenfalls keine Auswirkung gegeben, da für diese Beschäftigten der Tarifvertrag keine Anwendung findet.[125]

Auf die Problematik wirkt sich erschwerend aus, dass unter den Niedriglohngruppen Tarifverträge verbreitet sind, die sich auf dem Niveau von Armutslöhnen bewegen. So weist die FES auf eine Zusammenstellung des BMWA hin, nach der der niedrigste tarifliche Stundenlohn im Jahr 2003 2,78 Euro brutto betrug. Er wurde in Sachsen an ungelernte kaufmännische Angestellte im Gartenbau gezahlt.[126]

---

[124] Bosch/Weinkopf (2006b) S. 45
[125] Knorpp, Katrin (2007) S. 1
[126] FES (2006b) S. 18

Tarifliche Vereinbarungen werden zusätzlich durch den Austritt vieler Unternehmen aus den Arbeitgeberverbänden bzw. durch Gründung von OT-Verbänden geschwächt, die eine Interessenvertretung bieten, ohne eine Tarifbindung eingehen zu müssen.[127]

Auf betrieblicher Ebene werden außerdem vermehrt Tarifverträge unterwandert. Dies geschieht anhand von Öffnungsklauseln, wie sie z.B. das Pforzheimer Abkommen darstellt.[128]

Die günstige Beschäftigungssituation, welche die nicht tarifgebundenen Unternehmen einst zur Orientierung an den Tarifverträgen veranlasste, verschlechterte sich ebenso.

Eine steigende Tarifkonkurrenz zwischen den DGB-Gewerkschaften, spezialisierten Berufsverbänden und dem sog. Christlichen Gewerkschaftsbund ist außerdem entstanden. Der in den letzten Jahren zu verzeichnende Verlust von Mitgliedern – zu großen Teilen aufgrund der durch finanziellen Druck geschwundenen Bereitschaft zur Zahlung von Mitgliedsbeiträgen – schwächen die Verhandlungsposition der Gewerkschaften zusätzlich.

Weitere Ursachen für die Ausweitung des Niedriglohnsektors liegen auch außerhalb des Tarifsystems. So ist die derzeitige Regelung durch das zweite Gesetz für moderne Dienstleistungen am Arbeitsmarkt dafür mitverantwortlich. Denn mit der geringfügigen Beschäftigung wurde vom Gesetzgeber gezielt die Erschließung von Arbeitsplätzen im unteren Lohnsegment angestrebt. Die Hartz-Reformen haben allerdings auch zu dieser Entwicklung beigetragen. Der Druck auf die Arbeitskräfte, niedriger entlohnte Beschäftigungen anzunehmen, ist dadurch gestiegen. Nahezu jede Beschäftigung gilt als zumutbar. Löhne bis zu 30% unter den tariflichen bzw. ortsüblichen Lohnhöhe müssen von Hartz-IV-Empfängern akzeptiert werden. Die Lohnsenkungspolitik der Arbeitgeber wird zusätzlich von Subventionen begünstigt, die besonders in Hinzuverdienst-Regelungen des ALG II bestehen.

---

[127] Bispinck/Bahnmüller (2007) S. 11
[128] ebenda. S. 16 - 18

Die vielfältigen Ursachen der Ausbreitung des Niedriglohnsektors können hier selbstverständlich nicht abschließend aufgeführt werden. Dennoch stellt dieser kurze Abriss einen wesentlichen Teil der entsprechenden Thematik dar.

Neben dem Armutsrisiko, das die Beschäftigten im Bereich der Niedriglohnbeschäftigung wegen der materiellen Prekarität trifft, sind noch eine Reihe anderer Risiken vorhanden.[129] Sie sind im Wesentlichen deckungsgleich mit denen, die auf einen Großteil der atypischen Erwerbsverhältnisse zutreffen. Dazu zählen Instabilität und nur kurze Dauer der Beschäftigungsverhältnisse, welche eine betriebliche Integration der Betroffenen erheblich erschwert. Damit verbunden sind auch die kaum vorhandenen Aufstiegsmöglichkeiten, obwohl zur Legitimierung der Ausweitung des Niedriglohnsektors häufig das Gegenteil behauptet wird. Statt der Aufstiegsmobilität besteht das hohe Risiko der „Niedriglohnfalle". Dieses geht aufgrund der vorzufindenden Beschäftigungsformen mit Defiziten in den Sozialversicherungen einher. Hier findet man rechtliche Prekarität und rechtswidrige Praxen, die sich beispielsweise in Verstößen gegen das Diskriminierungsverbot (§ 4 TzBfG) widerspiegeln. Kalina und Weinkopf wiesen darauf hin, dass vielfach auch noch zu geringe Stundenlöhne bezahlt werden und selbst in tarifgebundenen Betrieben Lohnabschläge nicht selten sind.

Nachdem die Art und der Umfang der Niedriglohnproblematik geschildert wurde, werden sich die folgenden beiden Kapitel den Kombilohnvarianten und dem gesetzlichen Mindestlohn zuwenden. Vereinfacht ausgedrückt ist die Zielsetzung für die Einführung von Kombilöhnen im Bereich der Arbeitslosigkeits- und der Armutsbekämpfung anzusiedeln. Gleichzeitig sind sie als Ursache der hier vorgestellten Problematik anzusehen. Der Mindestlohn ist als ein Instrument zur Bekämpfung des Niedriglohnsektors und seiner Problematik in der aktuellen Diskussion.

---

[129] Kalina/ Weinkopf (2006a) S. 1

15. Lohnsubventionen und Kombilohnmodelle

Die Debatte um die Kombilohnmodelle wird durch das Fehlen einer allgemeinen und einheitlichen Definition von Kombilöhnen erheblich erschwert und verkompliziert. So fallen auch die diskutierten Vorstellungen und Modelle zum Teil höchst unterschiedlich aus. Aus diesem Grund kann im Rahmen der vorliegenden Untersuchung auch nur eine Auswahl dieser Modelle behandelt werden. Zur Zeit definiert das IAB Kombilöhne wie folgt:

> *„Unter Kombilöhnen sind solche staatlichen Transfers an Arbeitnehmer zu verstehen, die an die Aufnahme oder Ausübung einer abhängigen Beschäftigung gebunden sind. Es handelt sich also um eine **Kombi**nation aus Arbeitseinkommen (**Lohn**) und Transferbezug."*[130]

Demnach sind unter Kombilöhnen nur arbeitnehmerseitige Zuschüsse bzw. Einkommensbeihilfen zu verstehen. In Abgrenzung zu dieser relativ engen Definition bestehen auch Varianten, welche (auch) die Arbeitgeberseite subventionieren. Im vorliegenden Text liegt der Schwerpunkt auf den arbeitnehmerseitigen Kombilöhnen.

Das Instrument der Kombilöhne gehört zu einer Reihe von Maßnahmen, welche eine Erwerbsintegration von gering Qualifizierten und Langzeitarbeitslosen erreichen soll. Laut IAB wird der betreffende Personenkreis auf zwei bis drei Millionen Personen geschätzt.[131] Als eine der vielfältigen Ursachen für die Arbeitsmarktprobleme dieser sog. „wettbewerbsschwächeren" Arbeitnehmer werden u.a. mangelnde Arbeitsanreize angesehen. Sie sollen aufgrund des relativ hohen Niveaus der Transferleistungen und der Anrechnung von Hinzuverdiensten bestehen. Hier knüpft der Grundgedanke der Kombilohnmodelle an. Denn die Aufnahme einer niedrig entlohnten Erwerbstätigkeit soll gegenüber dem

---

[130] Dietz et al. (2006) S. 1 – Hervorhebungen im Original
[131] ebenda.

Verbleib im Transferbezug attraktiver gestaltet werden. Angehobene Netto-Löhne in Verbindung mit der Ausübung einer Erwerbstätigkeit sollen daher die Arbeitsanreize und die Suchintensität von Erwerbslosen erhöhen. Besonders die zeitlich befristeten Varianten, wie sie für schwer vermittelbare Personengruppen (z.B. Geringqualifizierte, Alleinerziehende oder Ältere) angeboten werden, verfolgen noch eine weitere Überlegung. Da angenommen wird, dass das Produktivitätsniveau von schwervermittelbaren Arbeitslosen zum Zeitpunkt ihrer Einstellung noch nicht der marktüblichen Produktivität entspricht, sollen befristete Kombilöhne eine Kompensation des entsprechend geringen Erwerbseinkommens der Betroffen schaffen.

Genauso kann aber auch die Armut trotz Erwerbstätigkeit bekämpft werden, indem niedrige Löhne durch Transferleistungen o.ä. aufgestockt werden. Es wird aber auch die Erschließung von dauerhaften Beschäftigungsmöglichkeiten in Tätigkeitsbereichen angestrebt, welche bei einer Einhaltung des derzeit üblichen Lohnniveaus nicht marktfähig wären. Die hier aufgeführten Ziele sind sicher nicht die einzigen, denen mit den Kombilöhnen nachgegangen werden kann. Sie zählen jedoch zu denen, die aus der Sicht der Geförderten von primärem Interesse sein dürften. Zu berücksichtigen ist, dass die dargestellten, sehr heterogenen Zielsetzungen, in den verschiedenen Kombilohnansätzen oft völlig unterschiedlich gewichtet und verfolgt werden.

Die behandelten Kombilohnvarianten werden im Folgenden zunächst in zwei Abschnitte untergliedert und getrennt behandelt. Eine Auswahl der bereits bestehenden Regelungen, die einen Kombilohncharakter aufweisen, wird zu Beginn vorgestellt. Als solche werden in der Wissenschaft auch die Entgeltsicherung nach § 421j SGB III oder auch das Einstiegsgeld diskutiert, die in dieser Untersuchung jedoch keine weitere Beachtung finden können. Im zweiten Abschnitt wird das Hamburger- und das Mainzer-Modell behandelt. Sie repräsentieren zwei der praxiserprobten Kombilohnmodellprojekte.

15.1 Bereits bestehende Regelungen mit Kombilohn-Charakter

In der öffentlichen politischen Auseinandersetzung wird oft übersehen, dass in Deutschland bereits weit reichende Regelungen mit einem Kombilohn-Charakter bestehen. Ein Teil dieser Regelungen ergibt sich aus dem Fürsorgesystem, dessen Ziel der Erhalt des Existenzminimums von Hilfebedürftigen ist. Dabei stellt es nicht nur eine Grundsicherung für Arbeitssuchende da, sondern bezieht auch erwerbstätige Hilfebedürftige mit ein, die nicht arbeitslos sind. Des Weiteren kommen noch die Mini- und Midijobs hinzu, die sehr weit verbreitet sind.

15.1.1 Transferleistungen aus dem ALG II und ALG I in Verbindung mit den Hinzuverdienstregelungen

Für Erwerbstätige ist eine Kombination von Arbeitseinkommen und Transferbezug möglich. Dies ist aufgrund von Hinzuverdienstregelungen möglich, die zum Ziel haben, dass die Betroffenen den Anschluss an die Arbeitswelt nicht verlieren und dass sich aus den ausgeübten Beschäftigungsverhältnissen Wiedereingliederungen in existenzsichernde Erwerbsverhältnisse ergeben.

Bezieher des sog. Arbeitslosengeldes I können laut § 141 SGB III neben den Transferleistungen ein eigenes Einkommen hinzuverdienen. Diese Möglichkeit besteht innerhalb von gewissen Grenzen. So ist eine wöchentliche Arbeitszeit von unter 15 Stunden zulässig und ein Erwerbseinkommen von 165 Euro pro Monat gestattet. Übersteigt das Arbeitsentgelt aus der Beschäftigung nach Abzug der Steuern, der Sozialversicherungsbeiträge und der Werbungskosten diesen Freibetrag, wird es auf den Transfer für den Kalendermonat angerechnet, in dem die Beschäftigung ausgeübt wird. Maßgeblich ist hier jedoch das individuelle Arbeitseinkommen und nicht das Haushaltseinkommen. Im Dezember 2005 übten rd. 13% der Leistungsempfänger aus dem Rechtskreis des SGB III eine geringfügige Beschäftigung aus, was rd. 215.000 Betroffene ausmachte.

Auch zum Arbeitslosengeld II, das nur bei Hilfsbedürftigkeit gezahlt wird, können eigene Erwerbseinkünfte hinzuverdient werden. Die Höhe des Transferbezuges bemisst sich im Wesentlichen nach der Haushaltsgröße und -struktur sowie den Wohnkosten. Nach § 30 Abs. 1 und 2 SGB II bestehen die seit Oktober 2005 geltenden Regelungen zur Anrechung von Erwerbseinkommen. Demnach bleiben die ersten 100 Euro des monatlichen Bruttolohns anrechnungsfrei. Das 100 Euro übersteigende Arbeitsentgelt zwischen 100,01 bis 800 Euro wird zu 20% angerechnet. Die Beträge über 800,01 bis zu 1200 Euro verbleiben mit 10% als Freibetrag. Darüber hinausgehende Einkommen werden voll auf das ALG II angerechnet. Werden die Freibeträge addiert, verbleiben dem Betroffen etwa 280 Euro bei einem Bruttoerwerbseinkommen von 1200 Euro.[132] Die Änderung der Hinzuverdienstmöglichkeiten zum Oktober 2005 verfolgen das Ziel, insbesondere die Aufnahme von niedrig entlohnten Beschäftigungen für Arbeitslose attraktiver zu gestalten. ALG-II-Empfänger sollen mit Mini-, Midi- und Teilzeitjobs zumindest einen Teil ihres Lebensunterhalts selbst verdienen. **Adamy** stellt fest, dass immer mehr Erwerbstätige inzwischen aufstockendes ALG II zur Existenzsicherung erhalten. Er geht für den März 2007 von etwa einem Fünftel der 5.194.000 ALG-II-Empfänger aus, die dies betreffen soll. Hierunter zählt er ca. 60.000 – 70.000 Personen, die einer selbstständigen Tätigkeit nachgehen, und für Oktober 2006 1.117.383 abhängig Beschäftigte, von denen 515.851 ausschließlich geringfügig beschäftigt waren. Im Januar 2005 lag die Zahl der hilfebedürftigen abhängig Beschäftigten noch bei nur 661.171 Personen, was einen ernormen Zuwachs bedeutet. Und auch die Zahl der hilfebedürftigen Vollzeittätigen ist von Januar 2005 mit 201.688 Personen auf 440.055 Personen im Oktober 2006 angestiegen. Adamy geht zudem von weiter steigenden Tendenzen aus.[133]

15.1.2 Kinderzuschlag

Der Kinderzuschlag nach § 6a BKGG wurde zeitgleich mit dem ALG II Anfang 2005 eingeführt und kann ebenfalls als Kombilohn-Modell betrachtet werden. 2005 wurden 52.755 Fälle bewilligt. Seit Einführung des Kinderzuschlags im Jahr 2005 wurden rd. 90% der Anträge abgelehnt. Die Mehrzahl der Ablehnungen beruht darauf, dass das erforderliche Mindesteinkommen unterschritten wird, d.h.

---

[132] Zur Verdeutlichung ist im Anhang eine exemplarische Tabelle zum Anstieg des Haushaltseinkommens durch einen Zuverdienst (ab 01.10.2005) abgebildet. Siehe *Abb. 5*
[133] Adamy, Wilhelm (2007) S. 180 ff.

die abgelehnten Familien waren in der Regel hilfebedürftig nach dem SGB II. Den Zuschuss können Eltern erhalten, die mit ihrem Erwerbseinkommen zwar ihren elterlichen Bedarf decken können, nicht jedoch den Bedarf ihrer Kinder. Aufgrund der mangelnden Bedarfsabdeckung der Kinder hätten sie ohne den Kindergeldzuschlag Anspruch auf ALG II. Die Eltern müssen also ein Einkommen beziehen (oder ein entsprechendes Vermögen besitzen), das ihnen den nach ALG II errechneten Mindestbedarf sicherstellen kann. Der Anspruch auf die Förderung entfällt, sobald das Haushaltseinkommen den gesamten Familienbedarf deckt. Dabei wird das Erwerbseinkommen der Eltern, welches den eigenen Mindestbedarf überschreitet, zu 70% angerechnet. Die maximale Förderhöhe beträgt monatlich 140 Euro je Kind. Der Förderdauer beträgt höchstens 36 Monate. Ziel dieser Regelungen ist es, Familien mit der Summe aus Erwerbseinkommen, Kindergeld, Kinderzuschlag und Wohngeld finanziell besser zu stellen als durch das ALG II. Zudem sollen zusätzliche Arbeitsanreize für die Eltern geschaffen werden. Es soll aber auch der Eintritt in die Hartz-IV-Bedürftigkeit vermieden und die Kinderarmut bekämpft werden.

15.1.3 Mini- und Midijobs

Die Mini- und Midijobs sind prinzipiell auf keine Zielgruppe beschränkt. Allerdings wird auch kein direkter materieller Zuschuss gezahlt. Sie werden lediglich aufgrund ihrer sozialversicherungsrechtlichen und steuerlichen Sonderbehandlung zu den Kombilohnvarianten gezählt, da diese als ein indirekter staatlicher Transfer angesehen werden. Beide Regelungen werden unabhängig von der Bedürftigkeit der Betroffenen gewährt. Ende 2005 ist diese Variante mit rd. 6.739.000 Minijobbern die weitaus häufigste Variante der Kombilöhne. Die Midijobs weisen in der gleichen Zeit rd. 946.000 Beschäftigte auf.

15.1.4 Zwischenfazit

Das derzeitige System der Grundsicherung bietet also nicht nur eine finanzielle Mindestabsicherung für Arbeitsuchende bzw. Arbeitslose, sondern stockt auch niedrige Erwerbseinkommen im Haushaltskontext bedarfsgeprüft auf. Damit erfüllt es auch die Funktion eines flächendeckenden Kombilohnes. Prinzipiell steht dieser jedem zeitlich unbefristet offen, sofern die entsprechenden Anspruchsvoraussetzungen erfüllt sind.

Bei den Hinzuverdienstregelungen kommt es besonders darauf an, dass sich die davon Betroffenen nicht in ihrer Situation einrichten, sondern dass sie diese als Brücke in eine existenzsichernde Beschäftigung nutzen. Die Reglungen verfolgten u.a. das Ziel, auch die Aufnahme von niedrig entlohnten Erwerbtätigkeiten attraktiver zu gestalten. Hiermit verbunden ist die Annahme, dass die anvisierten Beschäftigungsverhältnisse einen Einstieg in die Erwerbsarbeit und einen Aufstieg in existenzsichernde Beschäftigungsverhältnisse bieten. Allerdings ist diese Aufstiegsmobilität im Niedriglohnsektor eher selten, wie schon in den vorherigen Kapiteln festgestellt wurde.

Kritisiert werden oft die hohen Transferentzugsraten,[134] die verstärkte Eigenbemühungen zur Bestreitung des Lebensunterhaltes ausbremsen sollen. Allerdings liegen sie laut Adamy weitgehend im Durchschnitt der OECD-Länder.[135]

Die Hinzuverdienstregelungen des ALG II sollen den Übergang in eine möglichst existenzsichernde Arbeit attraktiver gestalten. Die Transferentzugsrate steigt allerdings, nach den aktuellen Regelungen, mit dem Erwerbseinkommen an. So sind geringere Einkommen, wie die aus einer Teilzeitbeschäftigung, relativ betrachtet günstiger gestellt als höhere Einkommen, wie etwa aus einer Vollzeit- oder vollzeitnahen Stelle. Erschwerend kommt die Versicherungsfreiheit von geringfügig entlohnten Beschäftigungsverhältnissen (Mini-Jobs) hinzu, da die Abgaben bei einer sozialversicherungspflichtigen Erwerbtätigkeit erheblich ansteigen und einen entsprechenden Druck ausüben. Adamy zeigt beispielsweise auf, dass einem ALG-II-Empfänger mit einem Einkommen von 400 Euro aus einem Mini-Job 160 Euro anrechnungsfrei bleiben, bei einem so-

---

[134] Die Transferentzugsrate gibt den prozentualen Anteil des zusätzlich erwirtschafteten Einkommens an, um den sich die Hilfeleistung reduziert, wenn ein zusätzliches Einkommen erzielt wird. Eine Transferentzugsrate von 70% bedeutet für den Hilfeempfänger, dass ihm von einem zusätzlich erwirtschafteten Euro 30 Cent belassen werden. Nach Knabe (2006) S. 15
[135] Adamy (2006) S. 188

zialversicherungspflichtigen Bruttoeinkommen von 1.200 Euro sind es nur 120 Euro.[136]

Der Kinderzuschlag wirkt sich aufgrund seiner Ausgestaltung relativ problematisch aus. So macht Knabe darauf aufmerksam, dass der Wechsel vom ALG II in den Kinderzuschlag zu einer Sprungstelle bei einem Hinzuverdienst von 1.673 Euro führt. Auf Grundlage von Berechnungen kommt er zu dem Schluss, dass es sich für ALG-II-Empfänger mit Kindern lohnt, ihre Erwerbstätigkeit bis zum Eintritt in den Kinderzuschuss auszuweiten, jedoch nicht darüber hinaus. Denn trotz der 70%igen Transferentzugsrate des Kinderzuschlags verringert ein zusätzliches Bruttoeinkommen das verfügbare Haushaltseinkommen. Dies ist darin begründet, dass die Festsetzung der Transferentzugsrate andere gleichzeitige Maßnahmen, wie das Wohngeld, nicht beachtet. Damit entsteht laut Knabe eine Transferentzugsrate von über 100%, anstatt der geplanten 70%. Somit wurde auch der Arbeitsanreiz des Kinderzuschusses und dem zeitgleichen Transferzug beim Wohngeld nicht berücksichtigt. Ein Anreiz, aus eigener Kraft zumindest den eigenen elterlichen Bedarf zu erwirtschaften, ist durchaus gegeben. Doch bewirkt die graduelle Reduktion des Kinderzuschlages den plötzlichen Wegfall der Förderung bei einem Überschreiten der angesetzten Einkommensgrenze. Die Folge ist, dass in einem großen Einkommensbereich negative Arbeitsanreize bestehen.[137]

Die Überlegung, dass Mini- und Midijobs die Erwerbsintegrationschancen von Arbeitslosen verbessern können, hat sich nicht bewahrheitet, zumal nur ein relativ kleiner Teil der Betroffenen arbeitslos ist und weil eine Aufstiegsmobilität in diesen Erwerbsformen kaum vorhanden ist. Ebenso gibt es eine massive Fluktuationsrate innerhalb der geringfügigen Beschäftigung und das Arbeitslosigkeitsrisiko ist bei ausschließlich geringfügig Beschäftigten sehr stark ausgeprägt. Durch verschiedene Betriebsfallstudien in unterschiedlichen Dienstleistungsbereichen fand das IAT heraus, dass Lohnabschläge für geringfügig Beschäftigte selbst in tarifgebundenen Betrieben recht häufig sind. Diese Praxis wird oft mit der Be-

---

[136] Adamy (2006) S. 187
[137] Knabe (2006) S. 13 f.

freiung der Beschäftigten von den Sozialversicherungsbeiträgen begründet. Die ursprüngliche arbeitnehmerseitige Subvention wird so
faktisch an die Arbeitgeber weitergereicht und verfehlt auch hier
ihre Zielgruppe.[138] Besonders die geringfügige Beschäftigung wurde
in dieser Untersuchung als sehr problematisch und prekär einge-
stuft (siehe Kapitel 13). Dies trifft besonders auf den Bereich der fehlenden Sozialversicherung zu. Dadurch zählt Dietz diese Variante
nicht zu den Kombilöhnen im eigentlichen Sinne.[139] Die Midijobs
werden hier etwas anders beurteilt, weil bei ermäßigten Sozialversicherungsbeiträgen für den Arbeitnehmer dennoch volle Leistungsansprüche erworben werden.[140] Allerdings ist auch ihnen ein
nicht unerhebliches Prekaritätspotential nachzuweisen, wie es bereits in dem entsprechenden Kapitel dieser Untersuchung geschehen ist.

15.2 Kombilohn-Modellprojekte

Es wurde seit dem Ende der 1990er Jahre eine Reihe von unterschiedlichen Kombilohn-Modellen zeitlich befristet und regional
begrenzt umgesetzt. Hierzu zählen beispielsweise das Einstiegsgeld
Baden-Württemberg, der Hessische Kombilohn, der PlusLohn Duis-
burg oder auch das SIG-Model. Inzwischen sind sie bis auf das
Hamburger-Modell beendet worden. Jedoch kann auf der Basis der
gesammelten Erfahrungen hier zumindest eine Einschätzung der
aussichtsreichsten Modelle vorgenommen werden. Dies betrifft das
Hamburger-Modell und das Mainzer-Modell, welche im Folgenden
behandelt werden. Hinzu kommt, dass bei den meisten erprobten
Varianten zu geringe Fallzahlen und kaum Evaluationsdaten vorliegen.

15.2.1 Das Hamburger-Modell

Das Hamburger-Modell wurde zum 1.03.2002 umgesetzt und
ist als einziges Konzept nicht zwischenzeitlich beendet worden. Genauso hat es im Gegensatz den anderen Versuchsmodellen eine
nennenswerte bzw. recht hohe Inanspruchnahme vorzuweisen.

---

[138] Kalina/ Weinkopf (2006) S. 9
[139] Dietz et al. (2006) S. 2
[140] Genauere Angaben und Daten zu diesen Regelungen sowie zu ihrer Verbreitung sind in Kapitel 13.2.2 zu finden.

Zwischen März 2002 und Juni 2006 wurden 9.935 Beschäftigungs-verhältnisse gefördert. Ende 2006 waren rd. 2.200 Personen in der Förderung. Dass bislang davon nur rd. 36% Frauen waren, ist eine Ausnahme unter den Kombilohnmodellen. Üblicherweise werden sie von Frauen dominiert.[141]

Als Zielgruppe sieht das Modell seit Januar 2005 ausschließlich ALG II-Beziehende vor. Es handelt sich um ein Förderkonzept, das parallel arbeitnehmer- und arbeitgeberseitige Subventionen aus-zahlt. Zusätzlich werden auch Qualifizierungsgutscheine für Be-schäftigte eingesetzt. Gefördert werden sozialversicherungspflichti-ge Beschäftigungsverhältnisse mit einem Bruttomonatseinkommen von 400 bis 1.700 Euro, die eine Wochenarbeitszeit von mindestens 15 Stunden aufweisen. Es werden für zehn Monate jeweils 250 Euro an Arbeitnehmer und Arbeitgeber (von der Sozialversicherung und Lohnsteuer befreit) ausgezahlt. Bei Teilzeitstellen bzw. Beschäfti-gungsverhältnissen mit einer Wochenstundenzahl von unter 35 wird die Subvention auf 125 Euro und sechs Monate Laufzeit ver-ringert. Die ausgezahlten Beträge werden nicht auf das ALG II an-gerechnet. Die als flankierende Maßnahmen vorgesehenen Bil-dungsgutscheine können bis zu einer Höhe von 2000 Euro einge-setzt werden, allerdings fiel ihre Inanspruchnahme mit rd. 8% der einstellenden Betriebe bis jetzt relativ gering aus.

Die Aktivierungsquote von Langzeitarbeitslosen des Hambur-ger-Modells ist mit rd. 47% unter den Geförderten im Vergleich zu den übrigen Modellen hoch. Auch die Zielgruppe der Geringquali-fizierten wird mit einem Anteil von rd. 53% überdurchschnittlich gut erreicht.[142]

Unter den Beschäftigungsmodellen des Hamburger-Modells besteht mit rd. 58% ein relativ hoher Anteil derjenigen, die meist schon nach drei Monaten frühzeitig die Förderung abgebrochen ha-ben. Betrachtet man die Anzahl der Teilnehmer, die sechs Monate nach der Maßnahme nicht arbeitslos gemeldet waren, so kommt

---

141 Zahlen aus FES (2006a) S. 19, 22
142 Dietz et al. (2006) S. 2

man für den Zeitraum von März 2002 bis Januar 2004 auf eine Verbleibsquote von rd. 52%. In einer sozialversicherungspflichtigen Beschäftigung waren nach sechs Monaten nur noch rd. 32% der Teilnehmer.

15.2.2 Das Mainzer-Modell

Das Mainzer-Modell wurde von März 2002 bis März 2003 auch bundesweit erprobt. In dieser Zeit wurden insgesamt 15.021 Personen gefördert.[143] Davon waren rd. 70% Frauen, was selbst für die typischerweise frauendominierten Kombilohnmodelle überdurchschnittlich war.

Es handelte sich um eine arbeitnehmerseitige Subvention, die keine explizite Beschränkung der Zielgruppe vorsah. Die Förderung wurde bei neuen Beschäftigungsverhältnissen abhängig vom Haushaltseinkommen als Zuschuss zu den Sozialversicherungsbeiträgen und/oder zum Kindergeld gewährt. Die Sozialversicherungszuschüsse orientierten sich allein an der Höhe des monatlichen Arbeitseinkommens. Dabei wurden für maximal drei Jahre an Alleinstehende bis zu 67 Euro gezahlt.

Das Mainzer-Modell setzte auch Anreize zur Aufnahme einer Teilzeitbeschäftigung, da die Subventionen nicht an die Dauer der Arbeitszeit gekoppelt waren. So betrug auch der Anteil der Teilzeitbeschäftigten an den geförderten Beschäftigungsverhältnisse rd. 72%.

Die Anteile der erreichten Langzeitarbeitslosen unter den Geförderten lag hier bei rd. 29%. Zurückzuführen ist dies wohl auf die vorrangige Förderung von Sozialhilfeempfängern, die nicht immer arbeitslos gemeldet waren. Geringqualifizierte waren zu rd. 29% an der Förderung beteiligt.

Es wurde festgestellt, dass sich die mit dem Mainzer-Modell geförderten Beschäftigungsverhältnisse im Hinblick auf ihre Beschäftigungsstabilität, in Ostdeutschland nicht von der Stabilität der Un-

---

[143] ebenda S. 19

geförderten unterschieden. Im Westen lag die Stabilität sogar noch darunter. Die Arbeitsverhältnisse wurden oft schon beendet, bevor die ursprüngliche Förderdauer von 18 Monaten und die spätere Förderdauer von 36 Monaten erreicht war.

15.2.3 Zwischenfazit

Die Modellprojekte des Hamburger- und Mainzer-Kombilohns sind die einzigen Modellprojekte, die eine nennenswerte Fallzahl aufweisen können. Die übrigen Projekte sind aufgrund mangelnder Teilnahme eingestellt worden und blieben damit erfolglos. Zu ihnen liegen daher auch kaum Evaluationsdaten vor. Die zum Teil als unerwartet gering eingeschätzte Teilnehmerzahl des Mainzer-Modells wird mit dem hohen administrativen Aufwand und dem Mangel an entsprechenden Beschäftigungsverhältnissen begründet. Eingestellt wurde das Modell mit der Einführung der Mini- und Midijobs, welche für eine Neuregelung des Niedriglohnsektors sorgten.

Die Einführung der Kombilöhne wurde häufig mit der Verbesserung der Beschäftigungschancen von gering Qualifizierten begründet. Außerdem sollte auch das Ziel verfolgt werden, Arbeitslose aus dem Transferbezug in eine Beschäftigung zu übermitteln.

Betrachtet man die Zielgruppen der hier vorgestellten Modellprojekte, so fällt auf, dass sich das Hamburger-Modell ausschließlich an ALG-II-Beziehende und das Mainzer-Modell an gering Verdienende wendet, und damit keine expliziten Zielgruppen vorsah. So ist es auch nicht verwunderlich, dass der Anteil der formal gering Qualifizierten und der Langzeitarbeitslosen unter den Geförderten stark schwankte. Wo beim Hamburger-Modell noch gut die Hälfte aller Geförderten diese Merkmale aufweisen, lagen die Anteile des Mainzer-Modell nur bei rd. 37% gering Qualifizierten und rd. 29% Langzeitarbeitslosen. Gemessen an den ausschlaggebenden Argumenten zur Einführung der Kombilöhne ist die Bilanz dahingehend eher ernüchternd. Daran änderten auch die vorgesehenen Bildungsgutscheine des Hamburger-Modells wenig, da sie bisher kaum genutzt wurden. Jaehrling und Weinkopf teilen daher die Auffassung, dass die bisher erprobten Kombilohnmodelle häufig auch Personen profitieren ließen, die keine besonderen Vermittlungshemmnisse aufwiesen.[144]

Wie oben bereits beschrieben, gehören die geringe Beschäftigungsstabilität, die hohe Fluktuation und die mangelnde Aufstiegsmobilität zu den grundsätzlichen Problemen des Niedriglohnsektors. Wie die Zahlen zu den Abbruchsraten und der Stabilität der geförderten Beschäftigungsverhältnisse zeigen, ist festzustellen, dass das Hamburger- wie auch das Mainzer-Modell die Beschäftigungsperspektiven von benachteiligten Arbeitslosen nicht (nachhaltig) verbessern konnte. Im Bezug auf das Hamburger-Modell hält Dietz allerdings dagegen, dass dieses Ergebnis mit der „schwierigen" Zielgruppe und den verfehlten Erwartungen bei Arbeitnehmern und Arbeitgebern zu begründen ist. Plausibler erscheint jedoch ein Zusammenhang zwischen der hohen Fluktuation und dem etwa 40%igen Anteil der Förderfälle, die in Zeitarbeitsfirmen tätig waren.[145] Zumal in dieser Branche typischerweise eine hohe Fluktuation vorherrscht. Auch positive Beschäftigungseffekte der bisherigen Modellprojekte sind bislang nicht nachweisbar gewesen.[146]

Die ausschließliche Förderung von sozialversicherungspflichtigen Erwerbsverhältnissen beider Modelle muss sicherlich positiv anerkannt werden. Letztendlich bleibt jedoch eine grundsätzliche Kritik an der Kernidee bestehen. Die vorgestellten Modellprojekte und auch die übrigen Modelle sind Versuche, den Einstieg in ein als hoch prekär einzuschätzendes Arbeitsmarktsegment für die Betroffenen attraktiver zu gestalten.

15.3 Bewertung

Die Fülle der bestehenden Regelungen zeigt deutlich, dass es sich in der Diskussion um die Kombilöhne nur um eine Ausweitung oder Veränderung der bestehenden Regelung handeln kann. Die oft geforderte Einführung von Kombilöhnen ist demnach wohl kaum mehr nötig.

---

[144] FES (2006a) S. 22
[145] FES (2006a) S. 24
[146] ebenda

Da sich die Förderungen gerade im Bereich der Transferleistungen überschneiden können und die Definitionen immer noch variieren, ist eine Angabe über die Anzahl der Betroffenen nicht möglich.

Es ist festzustellen, dass die bisher modellhaft erprobten Kombilöhne sowie die bestehenden Regelungen mit Kombilohn-Charakter keinen Beweis zur Ausweitung der Beschäftigung erbracht haben. Dabei ist es gleichgültig, ob sie eine zielgruppenspezifische Ausrichtung haben, zeitlich befristet oder im Prinzip auf Dauer angelegt sind und für eine breitere Zielgruppe offen stehen. Genauso sind Verbesserungen in der Erwerbsintegration bislang nicht nachweisbar. Dabei waren sie nicht die einzigen Maßnahmen, die diese Ziele ermöglichen sollten, zumal auch unter der Prämisse „Fördern und Fordern" durch die Hartz-Reformen noch ganz andere Ansätze umgesetzt wurden. Die Ursachen für das Scheitern der Kombilohn-Modellprojekte sind laut Jaehrling und Weinkopf bislang umstritten.

Bei den Hinzuverdienstregelungen des ALG I und ALG II kommt es besonders darauf an, ob sich die davon Betroffenen in ihrer Situation einrichten oder ob sie diese als Brücke in eine existenzsichernde Beschäftigung nutzen können. Derzeit ist zu befürchten, dass ein großer Teil der Betroffenen in diesen unbefristeten Maßnahmen, und damit in ihrer Situation, verharren und aus Mangel an Alternativen keine Verbesserung erfahren. Da ein großer Teil dieser Hinzuverdienste im Bereich der geringfügigen Beschäftigung erworben wird, ist ein Aufstieg in eine existenzsichernde Erwerbsgelegenheit unwahrscheinlich. Dieser Beschäftigungsform kann kaum eine Brückenfunktion zugesprochen werden, wie schon in einem anderen Kapitel dieser Untersuchung festgestellt wurde.

Die bestehenden Regelungen, die einen Kombilohn-Charakter aufweisen, sind nicht immer aufeinander abgestimmt. Dies kann zu starken Variationen der Nettolohnhöhe aufgrund von leichten Schwankungen des Bruttolohnes führen. Dies führt teilweise zu negativen Beschäftigungsanreizen beim Kinderzuschlag und dem ALG II, aber auch von der geringfügigen Beschäftigung bis zu den

Midijobs. Aber auch die Hinzuverdienstregelungen und der Umgang mit steigendem Arbeitsvolumen bzw. Erwerbseinkommen im Rahmen des ALG II, des ALG I und des Kinderzuschlages fördern nicht die Aufnahme einer existenzsichernden Erwerbstätigkeit.

Teilweise wird auch das im internationalen Vergleich relativ hohe Niveau der Grundsicherung kritisiert. Aus rein ökonomischer Sicht sind Anreizwirkungen nur dann zu erwarten, wenn ein hinreichend großer Abstand zwischen den staatlichen Leistungen und den Erwerbseinkommen besteht. Allerdings erscheinen sie wiederum in Anbetracht der anhaltenden Beschäftigungskrise auf dem deutschen Arbeitsmarkt auch notwendig.

Zu kritisieren ist auch, dass die Regelungen des zweiten Gesetzes für moderne Dienstleistungen am Arbeitsmarkt eine Ausweitung des Niedriglohnsektors mit verursacht haben, die inzwischen problematische Ausmaße erreicht. Hierunter fallen besonders die geringfügige Beschäftigung aufgrund ihrer hohen Verbreitung. Hinzu kommen auch die prekären Potentiale für die Betroffenen, welche für die Minijobs nachgewiesen wurden.

Die Hinzuverdienstregelungen bei Transferempfängern und die Sonderbehandlung von bestimmten Beschäftigungsverhältnissen bei den Sozialversicherungsabgaben geben keine prinzipiell vorgegebene Maximaldauer der Subvention vor. Dieser Umstand betrifft die Betroffenen zwar nur indirekt, dennoch führt er zu einer „Ausfallbürgschaft" des Staates für die Arbeitnehmer. Damit wird einer Lohnsenkungspolitik Vorschub geleistet, die eine Belastung des Staatshaushaltes bedeutet.

Des Weiteren haben die arbeitnehmerseitigen Kombilöhne z.T. zu einer Ausweitung des Niedriglohnsektors beigetragen, der von staatlicher Seite abgefedert wurde, der jedoch inzwischen kritische Ausmaße angenommen hat. Aufgrund der Analysen des DIW muss eingeräumt werden, dass der Niedriglohnsektor, gemessen an den Nettolöhnen, ebenfalls gewachsen ist. Jedoch war die gemessene Zunahme viel schwächer ausgefallen als die Messungen der Bruttolöhne.[147] Insofern haben die Kombilöhne laut FES zu mindest zur Armutsvermeidung beigetragen.[148]

Der Grundgedanke der Kombilohnmodelle liegt darin, dass die Aufnahme einer Erwerbstätigkeit gegenüber dem Verbleib im Transferbezug attraktiver gestaltet werden soll.[149] Es soll sich also der Arbeitsanreiz für Personen im Transferbezug oder/und für Schwervermittelbare erhöhen. Untrennbar damit verbunden ist die Idee der Brückenfunktion oder Aufstiegsmobilität in eine existenzsichernde Beschäftigung. Diese Überlegung, welche von mangelnden Anreizen zur Ausübung einer (niedrigentlohnten) Erwerbsarbeit ausgeht, unterstellt den Betroffenen eine mangelnde Absicht zur Aufnahme oder Ausweitung einer Erwerbsarbeit. Dieser Ansatz schreibt also den Betroffenen zumindest teilweise die Verantwortung für ihre Situation zu. Dass diese Überlegung kaum der Realität entsprechen dürfte, zeigt der Mangel bzw. die Art an verfügbaren Erwerbsmöglichkeiten, welche von den Arbeitgebern angeboten werden. Hinzu kommt, dass eine Ausweitung der Arbeitszeit und auch der Vollzeitbeschäftigung inzwischen nicht mehr zwingend mit dem Ausstieg aus dem Transferbezug einhergeht, wie die von Adamy veröffentlichten Zahlen (s.o.) deutlich machen.

Wie im Kapitel zum Niedriglohnsektor bereits beschrieben, sind die dort vorzufindenden Beschäftigungsverhältnisse nicht nur in finanzieller Hinsicht, sondern sehr oft in jeder Hinsicht prekär. Es wird also versucht, die Betroffenen in Erwerbsverhältnissen unterzubringen, die weit unter dem Standard des Normalarbeitsverhältnisses liegen.

---

[147] Brenke, Karl (2006) S. 201
[148] FES (2006a) S. 30
[149] Dietz et al. (2006) S. 3

16. Mindestlöhne

Im Folgenden wird, im Gegensatz zu den vorherigen Kapiteln, ein Instrument vorgestellt, dessen Einführung aktuell sehr heftig und kontrovers diskutiert wird. An den allgemeinen gesetzlichen Mindestlohn sind viele Hoffnungen in Bezug auf die Eindämmung des expandierenden Niedriglohnbereiches sowie der Lohnarmut und auf die Stärkung der Gewerkschaften geknüpft. Allerdings bestehen auch erhebliche Einwände, wie z.B. befürchtete negative Beschäftigungseffekte. Zunächst werden die wichtigsten Rahmenbedingungen sowie Grundannahmen entwickelt, um abschließend in eine Diskussion und einen Ausblick zu münden.

Deutschland nimmt derzeit als Land ohne gesetzliche Mindestlöhne unter den EU-Ländern eine Außenseiterposition ein. Inzwischen sind sie nämlich in 20 Mitgliedstaaten der Europäischen Union, der Türkei sowie in den USA etabliert. Auf ihrer Basis werden dort die Tarifverhandlungen geführt. Allerdings bestehen in der Höhe der Mindestlöhne zwischen den Ländern erhebliche Unterschiede. Im Januar 2007 bewegten sie sich zwischen Bruttomonatslöhnen von 92 Euro in Bulgarien und 1570 Euro in Luxemburg. In der Ländergruppe Frankreich, Belgien, Niederlande, Vereinigtes Königreich, Irland und Luxemburg werden Mindestlöhne über 1250 EUR gezahlt. Seit 2004 wurden sie in der EU jährlich zwischen rd. 1% in den Niederlanden und rd. 18% in Rumänien angehoben.[150]

In Deutschland, wie auch in Österreich, der Schweiz sowie den skandinavischen Ländern, gibt es keinen von der Regierung festgelegten Mindestlohn. In diesen Ländern wird größerer Wert auf die Tarifautonomie gelegt. Allerdings besteht im Unterschied zu Deutschland in Österreich, Dänemark, Finnland und Schweden eine beinahe flächendeckende Tarifbindung. Gesetzliche Mindestlöhne waren in diesen Ländern somit vorerst nicht nötig.

Allerdings hat sich die Situation inzwischen deutlich gewandelt. Wie schon beschrieben hat sich der Niedriglohnbereich massiv

---

[150] Regnard, Pierre (2007) S. 1 f.

ausgedehnt, ein Rückgang der tariflichen Deckungsrate sowie die Verbreitung von Tarifverträgen auf dem Niveau von Armutslöhnen sind inzwischen zu verzeichnen.[151] Die Möglichkeiten, Tarifverträge durchzusetzen sind deutlich begrenzt. Eine fortschreitende Auflockerung des Flächentarifvertrages und der Trend zur Differenzierung und Dezentralisierung haben ebenso für erhebliche Veränderungen gesorgt. Es ist also festzustellen, dass eine Sicherung von Mindeststandards für alle Beschäftigten nicht mehr, wie bislang, durch die Tarifpartner allein erreichbar ist.

Seit dem 7. März 2006 läuft eine bundesweite Kampagne der Gewerkschaften NGG, Verdi und der IG Metall, die staatliche Eingriffe in Form von gesetzlichen Mindestlöhnen einfordert. Damit soll die Sicherung von Mindeststandards für alle Beschäftigten wiedererlangt werden, die unter der abnehmenden Bedeutung der Tarifbindung für die Lohnentwicklung verloren gegangen ist. Dabei sollen die Bereiche besondere Berücksichtigung finden, die sich Tarifverträgen entziehen oder in denen durch die Gewerkschaften nur Tarifabschlüsse von Armutslöhnen erwirkt werden können.

16.1 Grundgedanke des allgemeinen gesetzlichen Mindestlohnes und bestehende Umsetzungsmodelle

Mit dem allgemeinen gesetzlichen Mindestlohn soll ein unterstes existenzsicherndes Lohnniveau festlegt werden, das nicht unterschritten werden darf. Dabei schließt ein allgemeiner gesetzlicher Mindestlohn keine Ergänzungen durch branchenbezogene Mindestlöhne aus. Denn auf dessen Basis sollen die branchenbezogene Tarifverträge die festgelegte Lohnuntergrenze überschreiten. Diese Koexistenz hat sich bereits in Frankreich und in vielen anderen Ländern bewährt (s.o.).

Zur Festlegung der Mindestlöhne existieren in den einzelnen Ländern unterschiedliche Verfahren. Dabei unterscheidet das WSI vier Grundtypen. So besteht in Großbritannien das *Konsultationsmodell*, wonach die Regierung den Betrag nach der Anhörung der Ta-

---

[151] Die Ausmaße dieser Entwicklung, wie auch die daraus erwachsenden Risiken und Probleme für die betroffenen Beschäftigten sowie die Ursachen wurden bereits in Kapitel 14, S. 75 ff. genauer dargestellt.

rifparteien festlegt. In der Regel orientiert man sich dabei an den Vorarbeiten einer Kommission aus Arbeitgebern, Gewerkschaften und Wissenschaftlern. Nach dem *Verhandlungsmodell* werden die Mindestlohnhöhe zwischen Gewerkschafts- und Arbeiterverbänden in einem branchenübergreifenden Tarifvertrag ausgehandelt und daraufhin vom Staat festgelegt. In Belgien besteht ebenfalls ein solches Modell. Es räumt ein Vetorecht für die beteiligten Parteien ein. Seit Anfang der 1990er Jahre macht die Arbeitgeberseite davon Gebrauch, was allerdings mit dem sicher nicht gewünschten Effekt eines Anstieges des Durchschnittslohns bis 2002 einherging. In Frankreich besteht ein sog. *Indexmodell*, welches die Lohnuntergrenze an die Preis- und Lohnentwicklung anpasst, um so die Empfänger an der Wohlstandsentwicklung teilhaben zu lassen. Diese Variante tritt bis jetzt allerdings immer in Kombination mit anderen Regelungen auf. Eine Tarifkommission kann daher in Frankreich zusätzliche Steigerungen oder Nullrunden veranschlagen. Eine stärkere Steigerung des Mindestlohnes gegenüber dem Durchschnittslohn war die Folge. Die Festlegung geschieht dagegen in den USA durch die Regierung anhand eines rein *politischen Verfahrens*, was zu einer jahrelangen Stagnation der Mindestlöhne führte.[152]

Seit Ende Mai 2006 besteht eine gemeinsame Forderung der DGB-Gewerkschaften nach einem gesetzlichen Mindestlohn in Höhe von 7,50 Euro. Diese Forderung wird auch von Teilen der SPD unterstützt. Viele Wissenschaftler sind allerdings mit der Angabe einer angemessenen Höhe gesetzlicher Mindestlöhne noch recht zurückhaltend.

Als Orientierungspunkte in dieser Frage dienen in der aktuellen Diskussion u.a. die Pfändungsfreigrenze für Erwerbstätige, die Grundsicherung, die Lohnarmutsgrenze von 50% des durchschnittlichen Vollzeiteinkommens und die Mindestlöhne anderer EU-Länder. Als EU-Länder mit vergleichbarer Wirtschaftskraft werden Frankreich, Luxemburg, Belgien, Irland und die Niederlande genannt. Diese weisen derzeit Lohnuntergrenzen zwischen 7,48 und 8 Euro auf.

---

[152] BöcklerImpuls (2006a) S. 1

Kalina und Weinkopf stellen Berechnungen über die mögliche Breitenwirkung eines Mindestlohns für Deutschland an, die wegen der Vermittlung einer Vorstellung über das zu erwartende Ausmaß nicht uninteressant erscheinen. Demnach wären 2004 bei einem Mindestlohn von 7,50 Euro rd. 4,9 Mio. bzw. ein Anteil von rd. 15% aller Beschäftigungsverhältnisse erfasst worden. Mit dem Betrag wären rd. 49,4% des Durchschnittslohns der in Vollzeit Hauptbeschäftigten erreicht worden. Bei einer Lohngrenze von 5,00 Euro wären nur noch rd. 4,7% aller Beschäftigungsverhältnisse betroffen gewesen.[153]

16.2 Diskussion

Die Verdrängung und Verlagerung von Arbeitsplätzen durch einen allgemeinen gesetzlichen Mindestlohn wird häufig als Argument gegen die Einführung einer Lohnuntergrenze vorgetragen. Allerdings haben Bosch und Weinkopf in ihren Untersuchungen keine eindeutigen negativen Beschäftigungseffekte nachweisen können, da sich die vorhandenen Studien gegenseitig widersprechen. Auch bei flächendeckenden Mindestlöhnen, wie sie in Großbritannien und Irland bestehen, zeigt die Erfahrung, dass nach der Einführung die Beschäftigtenzahlen nicht gesunken sind.

Eine weitere Befürchtung, die mit einer Lohnuntergrenze verbunden ist, ist die Verschlechterung der Beschäftigungschancen von gering qualifizierten Beschäftigten. Dieser Effekt, der auch in Großbritannien erwartet wurde, ist dort allerdings nicht eingetreten. Darüber hinaus verweisen Bosch und Weinkopf auf eigene Untersuchungen, die eine relativ geringe Verbreitung von gering Qualifizierten im Niedriglohnbereich nachweisen.[154] Damit ist davon auszugehen, dass diese Gruppe weniger von der Maßnahme betroffen sein wird.

Die Einführung eines allgemeinen gesetzlichen Mindestlohnes stellt einen erheblichen Eingriff in die Tarifautonomie dar. Aus diesem Grund befürchten einige Kritiker eine Schwächung der Ge-

---

[153] Nach Daten des SOEP; Kalina/Weinkopf (2006a) S. 2, 5
[154] FES (2006b) S. 46

werkschaften als eine mögliche Folge dieses Instrumentes. Aber auch gegen dieses Argument lassen sich die Erfahrungen aus Großbritannien einwenden. Sie zeigen, dass aus den gesetzlichen Mindestlöhnen eher eine Chance für die Gewerkschaften erwächst. Aus dieser Sicht bedeutet der gesetzliche Mindestlohn eine Rückendeckung und Basis, von der aus die Gestaltung der Arbeitsbedingungen oberhalb der gesetzlichen Untergrenze vorgenommen werden kann. Dies ist gerade in den letzten Jahren bedeutend geworden, weil die Gewerkschaften in einigen Branchen dem stetigen Druck der Arbeitgeber weichen mussten, weil mit Outsourcing in tariffreien Bereichen gedroht wurde. Mindeststandards und eine Unterbindung von Niedrigstlöhnen machen dies unmöglich.

Von Gegnern des gesetzlichen Mindestlohns wird darauf hingewiesen, dass in Deutschland bereits durch das ALG II ein faktischer Mindestlohn besteht, unter dessen Höhe Beschäftigte ihre Arbeitskraft angeblich nicht anbieten. Grundsätzlich ist dagegen einzuwenden, dass die Grundsicherung nicht für alle zugänglich ist. Sie wird nur gezahlt, wenn im Haushaltskontext ein ungedeckter Bedarf besteht und das Vermögen der Betroffenen eine bestimmte Grenze nicht übersteigt. Weiterhin zeigen die o.g. Berechnungen von Kalina und Weinkopf, dass 2004 rd. 4,9 Mio. Beschäftigte einen Stundenlohn bis einschließlich 7,50 Euro erhielten und rd. 1,5 Mio. bis einschließlich 5 Euro pro Stunde beschäftigt waren. Die bereits behandelte Thematik der aufstockenden Transferleistungen bei gleichzeitiger Erwerbstätigkeit der Betroffenen und ihrer weiten Verbreitung verweisen auf eine weitere Problematik. So kann der Staat ohne eine Lohnuntergrenze nicht dauerhaft Niedrig- und Niedrigstlöhne subventionieren. Auch besteht die Gefahr, dass Unternehmen die sog. Ausfallbürgschaft des Staates für weitere Lohnkürzungen ausnutzen. Dies führt also zu einer indirekten Förderung bzw. Subventionierung von Unternehmen.

Ein weiteres wichtiges Argument für einen gesetzlichen Mindestlohn liegt auch in der Eindämmung des Lohndumpings durch niedrigbezahlte ausländische Beschäftigte. So wird es für Unternehmer unattraktiv, ausländische Arbeitskräfte mit Niedrigstlöhnen heimischen, regulär Beschäftigen vorzuziehen.

Das Instrument könnte auch zur Reduktion der ansteigenden Einkommensdiskriminierung von Frauen gegen über Männern beitragen. Zumal schon auf den vorherigen Seiten festgestellt wurde, dass Frauen mehr als doppelt so oft im deutschen Niedriglohnsektor vertreten sind wie Männer.

Abschließend ist festzustellen, dass bei der momentanen Entwicklung des Niedriglohnsektors und den damit verbundenen Folgen ein allgemeiner gesetzlicher Mindestlohn in Deutschland unbedingt erforderlich ist. Allerdings ist der Mindestlohn alleine kein wirksames Mittel zur Armutsbekämpfung, auch wenn er ein wichtiges Element darstellen kann. Dies wird gerade bei Berücksichtigung der Zunahme der in dieser Untersuchung dargestellten atypischen Erwerbsformen deutlich. Denn diese beinhalten neben der überdurchschnittlich geringen Entlohnung u.a. aufgrund ihrer Instabilität und hohen Fluktuation ein beachtliches Armutsrisiko und weiterhin eine materielle Prekarität. Dieser Tatbestand würde auch durch einen gesetzlichen und allgemein verbindlichen Mindestlohn allein nicht ausgeräumt werden können. Weitere Maßnahmen müssen entwickelt und sorgfältig analysiert werden.

16.3 Ausblick

Auch wenn in der Diskussion um den gesetzlichen Mindestlohn die Gegenargumente widerlegt werden können, machen Bosch, Kalina und Weinkopf darauf aufmerksam, dass die praktische Ausgestaltung und das Vorgehen bei der Einführung sehr bedeutend sind. Dieser Aspekt ist allerdings bislang kaum erforscht worden, was auf die Einführung sicher deutlich erschwerend wirkt. So zählen u.a. die Höhe, die Vorbereitungs- und Übergangszeiten eines gesetzlichen Mindestlohns zu den wichtigen Faktoren, die auf das Scheitern oder das Gelingen des Instrumentes Einfluss nehmen können. Aus diesem Grund sollen hier zum Abschluss des Kapitels einige Vorschläge aus der Wissenschaft vorgestellt werden.

Im Hinblick auf die Ausgestaltung des Einführungsprozesses plädieren u.a. die Wissenschaftler Bosch, Kalina und Weinkopf für eine Orientierung an der britischen Vorgehensweise. So sollen etwa die Mindestlohne zunächst auf einem relativ niedrigen Niveau angesetzt werden, um diese schrittweise auf die gewünschte Höhe an-zuheben. Auch sollten die Änderungen längerfristig angekündigt werden. Mit dieser Vorgehensweise sollen sich Unternehmen auf die neue Situation einstellen können und die mit den Änderungen denkbaren negativen Beschäftigungsaspekte vermieden werden. Über die Höhe einer Lohnuntergrenze wollen die o.g. Wissenschaftler keine Empfehlungen abgeben. Das WSI warnt vor einem zu geringen Mindestlohn, da nach seiner Einschätzung nur ab einer ausreichenden Höhe eine Wirkung zu erwarten sei. Ein zu geringes Niveau könnte eventuell als Legitimation für bisher unzureichende Löhne angesehen werden.[155] Die Regelungen sollten relativ einfach ausgestaltet sein und Möglichkeiten der Umgehung, wie etwa durch die Anrechnung von anderen Unternehmensleistungen, weit gehend ausschließen. Denn nur so kann ein verlässlicher Bruttolohn entstehen. Der Mindestlohn sollte auch nicht durch Sozialleistungen subventioniert werden, um der Problematik der Kombilöhne zu entgehen. Als mögliche Ausnahmen wären u.U. zeitlich begrenzte Lohnkostenzuschüsse für bestimmte Zielgruppen anzusehen. Auch wenn über die Mindestlohnhöhe keine Empfehlungen abgegeben werden, so wird doch eingefordert, die regionalen Unterschiede zwischen Ost- und Westdeutschland zu berücksichtigen. Die Beschäftigungs- und Lohnunterschiede werden als so gravierend eingeschätzt, dass ein bundeseinheitlicher Mindestlohn nicht für sinnvoll gehalten wird. Es soll allerdings eine stufenweise Angleichung vollzogen werden. Gegen eine regional differenzierte Lösung wenden jedoch Kalina und Weinkopf ein, dass sich die Lebenshaltungskosten in Ost- und Westdeutschland bereits stark angeglichen haben. Der Mindestlohn sollte keine Ausnahmeregelungen für bestimmte Beschäftigten- oder Personengruppen, z.B. geringfügig Beschäftigte, Studierende oder Rentner, beinhalten, da dies zu Verdrängungseffekten führen würde. Gesetzliche Mindestlöhne sollen nicht ausschließlich die Lage von Niedriglohnempfängern verbessern. Ein Wiederherstellen fairer Wettbewerbsbedingungen zwischen Unternehmen und die Vermeidung von Lohndumping gehören ebenfalls zu ihren Zielen. Es werden allerdings auch eine Festsetzung von geringeren Beträgen für Jugendliche und zeitlich begrenzte Einarbeitungsphasen vorgeschlagen. Eine Begründung dafür bleiben die Wissenschaftler jedoch schuldig. Zumindest an der

---

[155] BöcklerImpuls (2006) S. 1

Sonderregelung für Einarbeitungsphasen sind Zweifel angebracht. Besonders in der Leiharbeit bereiten diese z.T. erhebliche Probleme. Dort bestehen bereits ähnliche Regelungen in Bezug auf die Entlohnung. Nach Ablauf dieser Einarbeitungsphase werden die Betroffenen von einigen Verleihunternehmern entlassen, um die steigenden Lohnzahlungen zu vermeiden. Beschäftigte in der Einarbeitungszeit sind zusätzlich einem geringeren Kündigungsschutz ausgesetzt, so dass deren prekäre Situation noch zusätzlich verschlechtert würde. Weitere Überlegungen gehen in die Richtung einer Kombination von Kombi- und gesetzlichen Mindestlöhnen.

17. Resümee

An dieser Stelle sei darauf hingewiesen, dass die Erwerbsarbeit in ihrer Ausgestaltung tief in die Gesellschaft und in die Lebensbedingungen der Einzelindividuen eingreift. Nur wenige Themen weisen in unserem Kulturkreis einen ähnlichen identitätsstiftenden Charakter auf. Deshalb ist die enge, untrennbare Verbindung zwischen dem Modell des sog. Normalarbeitsverhältnisses und den Lebenskonzepten der Alleinernährerehe sowie der Normalbiografie kaum verwunderlich.

Die Kritik, welche am Normalarbeitsverhältnis und dem daran gekoppelten Lebenskonzept der Alleinernährerehe geübt wird, ist zweifellos gerechtfertigt. Das Normalarbeitsverhältnis hat einen disziplinierenden, selektiven, sanktionierenden und diskriminierenden Charakter für abweichende Erwerbsformen. Genauso würdigt dieses Leitbild kaum die Reproduktionstätigkeit im Sinne der Hausarbeit und Kindererziehung, die immer noch überwiegend von Frauen ausgeführt wird. Dieser Umstand führt letztlich zur einer geschlechterspezifischen Normalbiografie, welche für die Frauen oft die „Hausfrauenehe", die wirtschaftliche und soziale Abhängigkeit vom Lebenspartner und einen eingeschränkten Zugang zum Erwerbsleben bedeutet.

Es wurde deutlich, dass die diskutierte These um die Erosion des Normalarbeitsverhältnisses, zumindest in quantitativer Hinsicht zu relativieren war. Das Normalarbeitsverhältnis ist immer noch die dominierende Erwerbsform auf dem deutschen Arbeitsmarkt (wie anhand der Untersuchungen des WZB deutlich wurde), auch wenn in den letzten Jahren ein Zuwachs der atypischen Beschäftigung zu verzeichnen ist. Viel problematischer ist dagegen jedoch die normative Erosion des Leitbildes einzuschätzen, die sich in den derzeitigen arbeitsmarktpolitischen Normen und in der Gesetzeslage niederschlagen. So wird versucht, mit der Ausweitung und Einrichtung von atypischen Beschäftigungsverhältnissen der Massenarbeitslosigkeit zu begegnen, was sich im Verlauf der Analyse der entsprechenden arbeitsrechtlichen Bedingungen bestätigte. Mit diesen Regelungen verbindet sich auch häufig die Hoffnung auf eine Integration von Arbeitslosen und Frauen in den Arbeitsmarkt.

In der Untersuchung der behandelten atypischen Beschäftigungsmodelle bezüglich ihrer Konsequenzen für die betroffenen Arbeitnehmer wurden durchgängig erhebliche (Sicherungs-) Defizite gegenüber dem Normalarbeitsverhältnis festgestellt. Es zeigte sich anhand der Einschätzungen der Prekaritätspotentiale nach Mayer-Ahuya's Definition, dass die Prekarität zu großen Teilen in den atypischen Beschäftigungsverhältnissen und ihren gesetzlichen Bestimmungen angelegt ist. Allerdings entfaltet sich Ihr volles prekäres Potenzial manchmal auch erst in der Anwendung auf den Arbeitsmarkt. Darüber hinaus sind trotz der hinzugewonnenen erheblichen rechtlichen Spielräume auch noch illegale Praxen am Arbeitsmarkt nachgewiesen worden. Neben dieser akuten Problematik für die Betroffenen sind für sie auch weit reichende Defizite in der Sozialversicherung zu erwarten. Dies trifft insbesondere für die Rentenversicherungsleistungen zu. Deutlich wurde auch, dass sich die Dimensionen der Prekarität – materielle und rechtliche Defizite sowie Benachteiligungen in der betrieblichen Integration – gegenseitig bedingen.

Die berufliche Selbständigkeit ist aufgrund ihrer gesetzlichen Ausgestaltung und ihrer Regelungen zur Sozialversicherung als potenziell hoch prekär einzustufen. Allerdings bietet diese Beschäftigungsform bei erfolgreichem Verlauf eine Vielzahl positiver Eigenschaften, worunter auch eine flexiblere Ausgestaltung der Erwerbstätigkeit fallen kann. Die Folge ist eine bessere Vereinbarkeit von Familie und Erwerbsarbeit und somit auch oft eine Erhöhung der Partizipationschancen von Frauen. Die neue Selbständigkeit beruht als Instrument zur Bekämpfung der Arbeitslosigkeit auf demselben Grundgedanken. Die auslaufende Ich-AG oder der neue Gründungszuschuss wurden als relativ erfolgreich eingeschätzt bzw. erhalten gute Prognosen. Dennoch sind auch sie von der konjunkturellen Entwicklung abhängig und deshalb nicht uneingeschränkt als wirklich sicher anzusehen. Die Betroffenen übernehmen auch mit diesen Erwerbsformen alle bestehenden Unternehmerrisiken.

Im Falle der Arbeitnehmerüberlassung liegen prekäre Potenziale in der besonderen Konstruktion dieser Beschäftigungsform. Es werden gesetzliche Ziele, wie das „equal treatment", gezielt umgangen, was eine Schlechterstellung der Betroffenen gegenüber der Stammbelegschaft, insbesondere bei der Entlohnung, bewirkt. Im Bereich der betrieblichen Integration machen sich deutliche Mängel, u.a. bei der Interessenvertretung durch die Betriebsräte, bemerkbar. Erhebliche negative Auswirkungen gehen dazu von der zugehörigen Branche aus, die einen Hang zum „hire and fire" aufweist. Die PSA versucht die Übernahme von Arbeitslosen durch Entleihbetriebe als Instrument der Arbeitslosigkeitsbekämpfung zu nutzen, was sich bislang als relativ erfolglos erwies. Durch Nutzung dieses Instrumentes und die verschärften Zumutbarkeitsregelungen, welche Arbeitslose in diese atypischen Beschäftigungsverhältnisse zwingen, wird die Notwendigkeit einer Umorientierung in der Arbeitsmarktpolitik und der Gesetzgebung besonders deutlich.

Dieser Umstand ist auch bei der Teilzeitbeschäftigung zu erkennen, da auf diese Erwerbsform inzwischen sogar ein Rechtsanspruch für die Arbeitnehmer besteht. Die Intention des Gesetzgebers liegt in der Entlastung des Arbeitsmarktes sowie in der Anpassung der Erwerbsarbeit an familiäre Bedürfnisse. Die Ergebnisse sprechen für eine Verbesserung der weiblichen Erwerbsbeteiligung. Gleichzeitig sind jedoch die Möglichkeiten eines beruflichen Aufstiegs und Überganges in ein reguläres Arbeitsverhältnis gering. Auch wenn das prekäre Potenzial als eher gering zu bezeichnen ist, entstehen relative materielle Defizite in der GRV. Aufgrund der meist geringeren Einkünfte sind diese Beschäftigungsverhältnisse oft nicht existenzsichernd, was eine wirtschaftliche Selbständigkeit kaum ermöglicht. Sie bergen auch besonders für Frauen die Gefahr, in einer Hinzuverdienerrolle bleiben zu müssen.

Befristete Beschäftigungsverhältnisse sind hingegen mit einem hohen prekären Potenzial belastet. Rechtliche Defizite ergeben sich aus grundsätzlicher Instabilität.- Ein erhöhtes Arbeitslosigkeitsrisiko, schlechte Übernahmechancen und häufig ein geringeres Einkommen führen gleichzeitig zu einer materiellen Prekarität. Eine Integration in die Belegschaft ist aufgrund der Befristung ebenfalls erschwert.

Die geringfügige Beschäftigung ist ebenfalls nicht existenzsichernd. Sie stellt knapp die Hälfte aller Niedriglohnbeschäftigten und weist eine erhebliche Instabilität auf. Sie bietet nur einen sehr geringen Aufbau von Rentenansprüchen und birgt ein erhöhtes Arbeitslosigkeitsrisiko. Damit weist die geringfügige Beschäftigung ein extrem hohes materielles Prekaritätspotenzial auf. Es trifft vor allem die Gruppe der ausschließlich geringfügig Beschäftigten. Eine Brückenfunktion wird kaum erfüllt, obwohl die Partizipationschancen für Frauen durch diese Beschäftigungsverhältnisse gefördert werden sollen. Neben illegalen Praxen bestehen noch weitere daran gekoppelte Risiken, welche diese Erwerbsform zu einer derer macht, die mit das höchste Prekaritätspotenzial aufweisen.

Insgesamt zeigen alle hier behandelten atypischen Beschäftigungsmodelle im Vergleich zum Normalarbeitsverhältnis deutliche Prekaritätspotenziale – und zwar in jeglicher Hinsicht. Es wurde deutlich, dass dieser Umstand auch durch die aktuellen Regelungen der Sozialversicherungen mitverursacht wird. Denn trotz der inzwischen recht verbreiteten atypischen Beschäftigungsformen orientieren sie sich im Gegensatz zu einigen arbeitsrechtlichen Regelungen immer noch maßgeblich am Normalarbeitsverhältnis. Die in Aussicht gestellten Ziele, die teilweise auch zur Legitimation zur Einführung der atypischen Beschäftigungsverhältnisse dienten, sind nur selten (im gewünschten Umfang) erreicht worden.

Dennoch hat die Ausweitung der atypischen Beschäftigung und der Teilzeitbeschäftigung beispielsweise die Erwerbsbeteiligung der Frauen ansteigen lassen. Die Zunahmen im Bereich der geringfügigen Beschäftigung und letztendlich auch die Tertiärisierung des Arbeitsmarktes begünstigten diese Entwicklung. Auch die subventionierte Selbständigkeit ist hier exemplarisch anzuführen, denn sie hat, wenn auch nicht ganz vorbehaltlos, gewisse Erfolge in der Bekämpfung der Arbeitslosigkeit bewirkt. Diese Errungenschaften gehen jedoch aufgrund der Prekarität der atypischen Beschäftigungsverhältnisse mit erheblichen Risiken und Zwängen für die Betroffenen einher. Am häufigsten sind geringe Entlohnungen und partielle Umlagen der Unternehmerrisiken auf die Arbeitnehmer. Instabilität und Diskontinuität sind als gemeinsamer Nenner zu diagnostizieren.

Die Betroffen sind üblicherweise Frauen, junge Arbeitnehmer bzw. Berufseinsteiger und gering Qualifizierte, gerade in den Branchen des Dienstleistungssektors. Sie finden sich zunehmend im Niedriglohnsektor, der in Deutschland stark expandiert. Die Problematik sinkender Löhne in Deutschland, die oft anhand von Transferleistungen zu Lasten des Staatshaushaltes aufgestockt werden müssen, wird derzeit heftig und kontrovers diskutiert. Mitverursacher für die Situation im Niedriglohnbereich sind nach den Ergebnissen der vorliegenden Untersuchung auch gesetzliche Regelungen mit Kombilohncharakter. Als eine Möglichkeit, dieser Lage und auch den Gefahren der atypischen Beschäftigung zu begegnen, ist die Einführung eines allgemeinen gesetzlichen Mindestlohnes. Es werden jedoch auch tiefergehende Reformen notwendig sein, um der Gesamtproblematik angemessen zu begegnen, da von diesen Impulsen negative sozialpolitische Umstrukturierungen ausgehen könnten.

Wie eingangs schon angedeutet, ist die Organisation und Regulierung der Erwerbsarbeit ein sehr wichtiger Bereich unserer Gesellschaft. Wie sich hierin ein Wandel auf die Lebensführung der Betroffenen und auf die Gesamtgesellschaft auswirkt, ist noch nicht absehbar. Dennoch scheint sich der Druck auf die Arbeitnehmer und ihre Angehörigen erhöht zu haben, wie hier festgestellt werden musste. Die zunehmende Brisanz der Lage scheint wieder einer Regulierung zu bedürfen.

Literaturverzeichnis

Adamy, Wilhelm (2007) 1,2 Millionen können vom Arbeitseinkommen nicht leben. In: Soziale Sicherheit. Heft 5/ 2007. Jg. 56. Frankfurt am Main.

Antoni, Manfred / Jahn, Elke J. (2006) Arbeitnehmerüberlassung. Boomende Branche mit hoher Fluktuation. IAB-Kurzbericht Ausgabe Nr. 14 vom 19.09.2006. Nürnberg.
URL: http://doku.iab.de/kurzber/2006/kb1406.pdf [Stand: 15.06.2007]

Bäcker, Gerhard (2006) Was heißt hier „geringfügig"? – Minijobs als wachsendes Segment prekärer Beschäftigung. In: WSI-Mitteilungen. Heft 5/ 2006, 59. Jg.; Frankfurt am Main.

Bispicknick, Reinhard/ Bahnmüller, Reinhard (2007) Abschied vom Flächentarifvertrag? Der Umbruch in der deutschen Tariflandschaft und seine Konsequenzen für eine betriebsorientierte Tarifpolitik. In: Bispicknick, Reinhard (Hrsg.): Wohin treibt das Tarifsystem? Hamburg.

Bundesagentur für Arbeit (2007) Arbeitsmarkt 2006. Sondernummer 1 der Amtlichen Nachrichten der Bundesagentur für Arbeit. Nürnberg.
http://www.pub.arbeitsamt.de/hst/services/statistik/000100/html/jahr/arbe itsmarkt_2006_gesamt.pdf [Stand: 22.09.2006]

Bundesagentur für Arbeit (2007a) Bericht der Statistik der BA. Mai 2007. Mini- und Midijobs in Deutschland. 55. Jg.; Nürnberg.
URL:
http://www.pub.arbeitsamt.de/hst/services/statistik/000100/html/sonder/r eport_mini-midijobs_ 2005.pdf [Stand: 8.09.2007]

Bundesagentur für Arbeit (2007b) Der Arbeits- und Ausbildungsmarkt in Deutschland. Monatsbericht Oktober 2007. Nürnberg.
http://www.pub.arbeitsamt.de/hst/services/statistik/000000/html/start/mo nat/aktuell.pdf [Stand: 10.10.2007]

Bundesagentur für Arbeit (2006) Ein Wegweiser für den Schritt in die Selbstständigkeit. Nürnberg.
URL: http://www.arbeitsagentur.de/zentraler-Content/Veroeffentlichungen/ Geldleistungen/ Hinweise-Hilfen-Existenzgruendung-0807.pdf [Stand: 6.09.2007]

Bundesministerium für Arbeit und Soziales (o. J.) Anstieg des Haushaltseinkommens durch Zuverdienst. Berlin.
URL:
http://www.arbeitsmarktreform.de/AMR/Navigation/Geldleistungen/zu verdienst.html [Stand: 1.09.2007]

Bundesministerium der Justiz (aktuell): Alle verwandten Gesetze und Verordnungen.
URL: http://www.gesetze-im-internet.de/aktuell.html [Stand: 16.07. bis 3.10.2007]

Blanke, Thomas (2007) Die rechtliche Situation von prekärer Beschäftigung. In: Lorenz, Frank / Schneider, Günter (Hrsg.): Ende der Normalarbeit? Mehr Solidarität statt weniger Sicherheit – Zukunft betrieblicher Interessenvertretung. Hamburg.

Brand, Torsten (2006) Bilanz der Minijobs und Reformperspektiven. In: WSI-Mitteilungen. Heft 8/ 2006, 59. Jg.; Frankfurt am Main.

Brenke, Karl (2006) Wachsender Niedriglohnsektor in Deutschland – sind Mindestlöhne sinnvoll? DIW-Wochenbericht Nr. 15-16. Berlin.
URL: http://www.leben-in-deutschland.info/downloads/152_06_niedriglohn.pdf [Stand: 1.10.2007]

Caliendo, Marco / Kritikos, Alexander / Steiner, Viktor / Weißner, Frank (2007) Unterm Strich ein Erfolg. Existenzgründungen. IAB-Kurzbericht Ausgabe Nr. 10 vom 10.04.2007. Nürnberg.
URL: http://doku.iab.de/kurzber/2007/kb1007.pdf [Stand: 8.09.2007]

Däubler, Wolfgang (2006) Arbeitsrecht. Ratgeber für Beruf, Praxis und Studium. Frankfurt am Main. 6. Auflage.

Deutsche Rentenversicherung Knappschaft-Bahn-See (2007) Geringfügige Beschäftigung. Bochum.
URL: http://www.minijob-zentrale.de/nn_10184/DE/2__AG/1__-geringfuegige__beschaeftigung/InhaltsNav.html__nnn=true [Stand: 3.08.2007]

Deutsche Rentenversicherung Knappschaft-Bahn-See (2007a) Niedriglohnjobs. Bochum.
URL: http://www.minijob-zentrale.de/nn_10774/DE/2__AG/6__-niedriglohn__jobs/InhaltsNav. html__nnn=true [Stand: 4.08.2007]

Dietz, Martin / Koch, Susanne / Walwei, Ulrich (2006) Kombilohn. Ein Ansatz mit Haken und Ösen. Ausgabe Nr. 3 vom 1.3.2006. Nürnberg.
URL: http://doku.iab.de/kurzber/2006/kb0306.pdf [Stand: 10.9.2007]

Dombois, Rainer (1999) Auf dem Weg zu einem neuen Normalarbeitsverhältnis? Die Erosion des Normalarbeitsverhältnisses und neue Strategien der Erwerbsarbeit. Arbeitspapier Nr. 36 der Zentralen wissenschaftlichen Einrichtung (ZWE) „Arbeit und Region". Bremen.

Düwell, Franz Josef / Weyand, Joachim (2005) Das neue Arbeitsrecht. Harz-Gesetze und Agenda 2010 in der arbeits- und sozialrechtlichen Praxis. Baden-Baden.

Friedrich-Ebert-Stiftung (Hrsg.) (2006) Brinkmann, Ulrich / Dörre, Klaus / Röbenack, Silke / Kraemer, Klaus / Speidel, Frederic. Prekäre Arbeit. Ursachen, Ausmaß, soziale folgen und subjektive Verarbeitungsformen unsichere Beschäftigungsverhältnisse. Bonn.
URL: http://library.fes.de/pdf-files/asfo/03514.pdf [Stand: 13.08.2007]

Friedrich-Ebert-Stiftung (Hrsg.) (2006a) Jaehrling, Karen / Weinkopf, Claudia. Kombilöhne in Deutschland – neue Wege, alte Pfade, Irrweg? Bonn.
URL: http://library.fes.de/pdf-files/asfo/03978.pdf [Stand: 14.08.2007]

Friedrich-Ebert-Stiftung (Hrsg.) (2006b) Bosch, Gerhard/ Weinkopf, Claudia (2006) Gesetzliche Mindestlöhne auch in Deutschland? Bonn.
URL: http://library.fes.de/pdf-files/asfo/03980.pdf [Stand: 14.08.2007]

Giesecke, Johannes / Groß, Martin (2006) Befristete Beschäftigung. In: WSI-Mitteilungen. Heft 5/ 2006, 59. Jg.; Frankfurt am Main.

Hans-Böckler-Stiftung (2006) Mindestlohn. Die Linie nach unten. In: BöcklerImpuls. Ausgabe 11/ 2006. Düsseldorf.
URL: http://www.boeckler.de/pdf/impuls_2006_11_ges.pdf [Stand: 9.09.2007]

Hans-Böckler-Stiftung (2006a) Mindestlohn. Nicht ohne die Tarifparteien. In: BöcklerImpuls. Ausgabe 6/ 2006. Düsseldorf.
URL: http://www.boeckler.de/cps/rde/xchg/SID-3D0AB75D-931D586E/hbs/hs.xsl/
32014_73787.html [Stand: 9.09.2007]

Hans-Böckler-Stiftung (2006b) Leiharbeit. Image verbessert, trotzdem Arbeitnehmer zweiter Klasse. In: Böckler Impuls. Newsletter 14/ 2006.
URL: http://www.boeckler-boxen.de/images/impuls_2006_14_7.pdf [Stand: 20.08.2007]

Hoffmann, Edeltraud / Walwei, Ulrich (1998) Normalarbeitsverhältnis: ein Auslaufmodell? Überlegungen zu einem Erklärungsmodell für den Wandel der Beschäftigungsformen. In: MittAB 31. Jg./1998. Nürnberg.
URL: http://doku.iab.de/mittab/1998/1998_3_MittAB_Hoffmann_Walwei.pdf [Stand: 16.07.2006]

Kalina, Thorsten / Weinkopf, Claudia (2006) Mindestens sechs Millionen Niedriglohnbeschäftigte in Deutschland: Welche Rolle spielen Teilzeitbeschäftigung und Minijobs? In: IAT-Report 2006-03. Gelsenkirchen.
URL: http://www.iatge.de/iat-report/2006/report2006-03.pdf [Stand: 10.09.2007]

Kalina, Thorsten / Weinkopf, Claudia (2006a) Ein gesetzlicher Mindestlohn auch in Deutschland?! In: IAT-Report 2006-06. Gelsenkirchen.
URL: http://www.iatge.de/iat-report/2006/report2006-06.pdf [Stand: 10.09.2007]

Kalina, Thorsten / Voss-Dahm, Dorothea (2005) Mehr Minijobs = mehr Bewegung auf dem Arbeitsmarkt? Fluktuation der Arbeitskräfte und Beschäftigungsstruktur in vier Dienstleistungsbranchen. In: IAT-Report 2005-07. Gelsenkirchen.
URL: http://iat-info.iatge.de/iat-report/2005/report2005-07.pdf [Stand: 10.09.2007]

Keller, Berndt/ Seifert, Hartmut (2006) Atypische Beschäftigung – sozialverträglich oder prekär? In: WSI-Mitteilungen. Heft 5/ 2006, 59. Jg.; Frankfurt am Main.

Krause, Rüdiger (2005) Arbeitsrecht. Baden-Baden.

Klammer, Ute / Leiber, Simone (2006) Atypische Beschäftigung und soziale Sicherung. In: WSI-Mitteilungen. Heft 5/ 2006, 59. Jg.; Frankfurt am Main.

Knabe, Andreas (2006) Warum Zuverdienstregeln und Kinderzuschlag negative Arbeitsanreize setzen. In: ifo Dresden, Ausgabe 2/ 2006. Dresden.
URL: http://www-f.uni-magdeburg.de/~vwl1/forschung/forschung_dateien/ifoDD_02-06_10-15_Arbeitsanreize.pdf [Stand: 25.10.2007]

Knorpp, Katrin (2007) Ausweitung des Arbeitnehmer-Entsendegesetztes auf das Gebäudereinigungshandwerk. In: Lawinfo.de. Arbeitsrecht 20.03.2007. Konstanz.
URL: http://www.lawinfo.de/index.php?modus=article&aid=1229&tid=6 [Stand: 10.09.2007]

Lorenz, Frank (2007) Teilzeitarbeit und befristete Beschäftigung. Rechtliche Rahmenbedingungen und tatsächliche Probleme. In: Lorenz, Frank / Schneider, Günter (Hrsg.): Ende der Normalarbeit? Mehr Solidarität statt weniger Sicherheit – Zukunft betrieblicher Interessenvertretung. Hamburg.

Mayer-Ahuja, Nicole (2003) Wieder dienen lernen? Vom westdeutschen „Normalarbeitsverhältnis" zu prekärer Beschäftigung seit 1973. Berlin.

Monitor Arbeitsmarktpolitik (2006) Der Gründungszuschuss: Was bleibt von der Ich-AG nach der Zusammenlegung mit dem Überbrückungsgeld?
URL: http://www.monapoli.de/cps/rde/xchg/SID-3D0AB75D-122634D8/monapoli/hs.xsl/217.html [Stand: 6.09.2007]

Mückenberger , Ulrich (1985) Krise des Normalarbeitsverhältnisses. Hat das arbeitsrecht noch Zukunft? In: Zeitschrift für Sozialreform. Heft 7/ 8. Stuttgart.

Noll, Susanne / Wießner, Frank (2006) Existenzgründung aus der Arbeitslosigkeit: Ein Platz an der Sonne oder von Regen in die Traufe? In: WSI-Mitteilungen. Heft 5/ 2006, 59. Jg.; Frankfurt am Main.

Oschmiansky, Heidi (2007) Der Wandel der Erwerbsformen und der Beitrag der Hartz-Reformen: Berlin und die Bundesrepublik Deutschland im Vergleich. WZB-discussion papers. URL: http://bibliothek.wz-berlin.de/pdf/2007/i07-104.pdf [Stand: 16.07.2007]

Promberger, Markus (2006) Leiharbeit – Flexibilität und Prekarität in der betrieblichen Praxis. In: WSI-Mitteilungen. Heft 5/ 2006, 59. Jg.; Frankfurt am Main.

Regnard, Pierre (2007) Mindestlöhne 2007 Beträge zwischen 92 EUR und 1570 EUR brutto pro Monat. In: Statistik kurz gefasst. Bevölkerung und soziale Bedingungen. Ausgabe: 71/ 2007; Luxemburg. URL: http://www.eds-destatis.de/de/downloads/sif/sf_07_071.pdf [Stand: 1.10.2007]

Rittweger, Stephan (2003) Leitfaden Mini-Job, Ich-AG und Familien-AG. München.

Schlichting, Birgit (2007) BVerfG stärkt BAG in seinem Urteil über Arbeit auf Abruf den Rücken. Hamburg. URL: http://www.birgit-schlichting.de/aktuelles/BirgitSchlichting_aktuelles_-ArbeitAufAbruf_April2007.pdf [Stand: 1.09.2007]

Schreyer, Franziska (2000) „Unsichere" Beschäftigung trifft vor allem die Niedrigqualifizierten. IAB-Kurzbericht Ausgabe Nr. 15 vom 31.10.2000. Nürnberg. URL: http://doku.iab.de/kurzber/2000/kb1500.pdf [Stand: 10.08.2007]

Statistisches Bundesamt (2005) 40% der Erwerbstätigen unter 20 Jahren haben einen Zeitvertrag. Pressemitteilung Nr. 193 von 26. April 2005. Wiesbaden. URL: http://www.destatis.de/jetspeed/portal/cms/Sites/destatis/Internet/DE/Presse/pm/ 2005/04/ PD05__193__133,templateId=renderPrint.psml [Stand: 13.08.2007]

Wagner, Alexandra (2000): Krise des „Normalarbeitsverhältnisses"? Über eine konfuse Debatte und ihre politische Instrumentalisierung. In: Schäfer, Claus (Hrsg.): Geringere Löhne – mehr Beschäftigung? Niedriglohn-Politik. Hamburg.

Wagner, Susanne (2006) Arbeitszeitpolitik. Teilzeitarbeit fördert Flexibilität und Produktivität. IAB-Kurzbericht Ausgabe Nr. 7 vom 2.05.2006. Nürnberg. URL: http://doku.iab.de/kurzber/2006/kb0706.pdf [Stand: 10.07.2007]

Wagner, Susanne (2004) Teilzeitarbeit. Ein Gesetz liegt im Trend. IAB-Kurzbericht Ausgabe Nr. 18 vom 20.12.2004. Nürnberg. URL: http://doku.iab.de/kurzber/2004/kb1804.pdf [Stand: 25.07.2007]

Anhang

Abbildung 1:

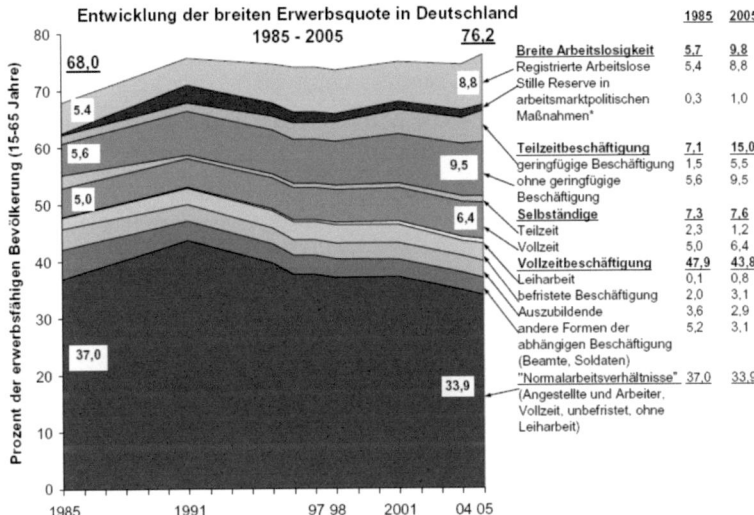

* Stille Reserve in arbeitsmarktpolitischen Maßnahmen = beschäftigungslose Personen, die bei den Arbeitsämtern nicht als Arbeitslose registriert sind

Quelle: WZB in Oschmiansky, H. (2007) S. 5

Abbildung 2:

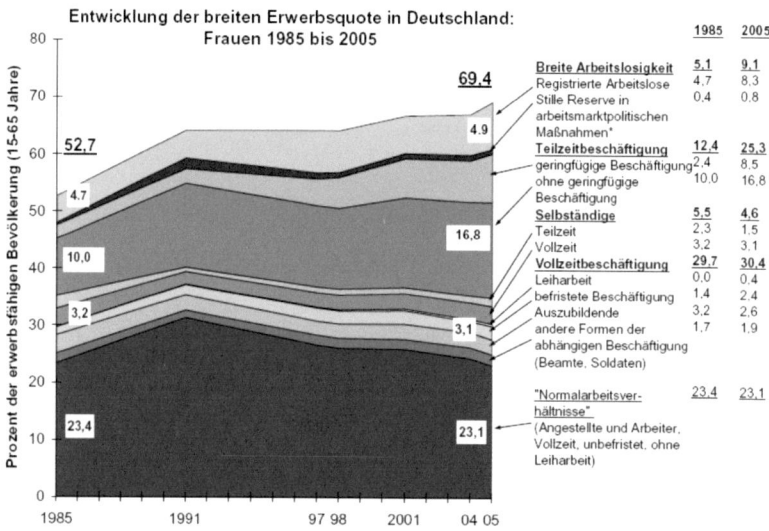

Quelle: WZB in Oschmiansky, H. (2007) S. 7

Abbildung 3:

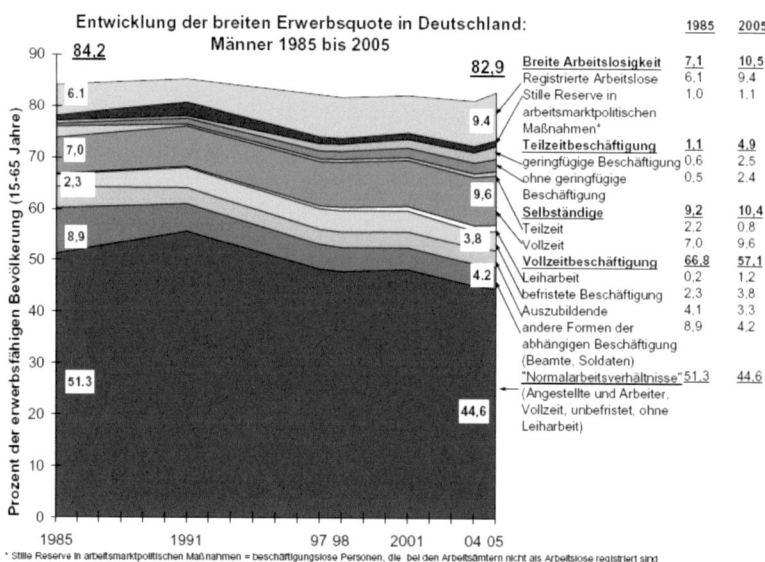

Quelle: WZB in Oschmiansky, H. (2007) S. 9

120

Abbildung 4:

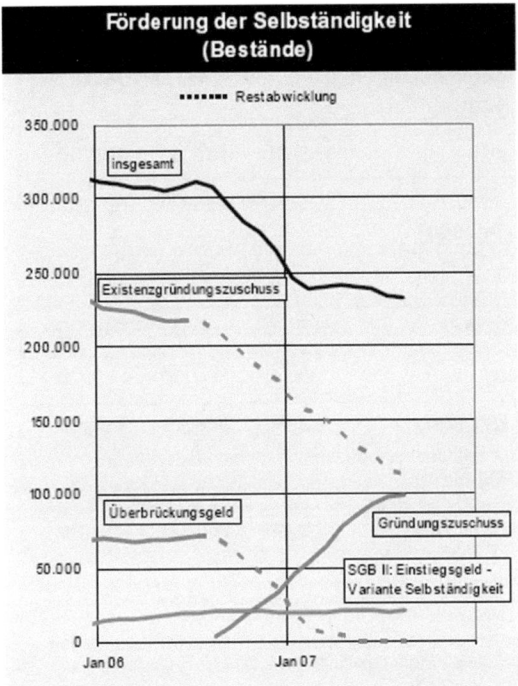

Quelle: BA (2007) S. 16

121

Abbildung 5:

Anstieg des Haushaltseinkommens durch Zuverdienst

Beispiel für ALG II-Empfänger/in mit eigenem Kfz, einfache Fahrstrecke zur Arbeit 10 km, 10 Arbeitstage im Monat.

Bruttoeinkommen in Euro	165,00	400,00	800,00
Nettoeinkommen (nach Steuern und Sozialabgaben)	165,00	400,00	631,60[1]
Grundfreibetrag	100,00	100,00	100,00[2]
Freibetrag bei Erwerbstätigkeit	- 13,00	- 60,00	- 140,00
Unterhaltsverpflichtungen	0,00	0,00	0,00
Um diesen Betrag sinkt der Bedarf an ALG II (zu berücksichtigendes Einkommen)	**52,00**	**240,00**	**391,60**
Um so viel Euro steigt das Haushaltseinkommen	**113,00**	**160,00**	**240,00**

1) Beispiel für Lohnsteuerklasse I oder IV.
2) Wenn die tatsächlichen Ausgaben z. B. für Kfz- oder Werbungskosten den Grundfreibetrag von 100 Euro übersteigen, können diese Kosten bei Einkommen oberhalb von 400 Euro in tatsächlicher Höhe berücksichtigt werden.

Quelle: Bundesministerium für Arbeit und Soziales (o. J.)